Manual Eucarístico

Meditaciones Tradicionales para la Sagrada Comunión

Ilustrado

Padre Baltasar Gracián, S. J.

MILITANTIS

Compuesto digitalmente a partir de "Manual Eucarístico o Meditaciones Varias para antes y después de la Sagrada Comunión" del Padre Baltasar Gracián, S.J., Apostolado de la Prensa, Madrid, 1928.

TABLA DE CONTENIDOS

PRESENTACIÓN DE LA NUEVA EDICIÓN

«La herida más profunda de la crisis actual de la Iglesia es la herida eucarística»

Mons. Athanasius Schneider

C on estas palabras de Mons. Schneider queremos presentar esta nueva edición de un libro que quizás ha sido hoy poco divulgado, pero que en tiempos pasados era reconocido como uno de los clásicos de la espiritualidad eucarística. Y es que parece que no hay mejor tiempo que el actual para difundir una obra como esta, cómo una especie de bálsamo para esa herida sangrante del Cuerpo Místico de Cristo. En efecto, particularmente en estos tiempos, continúa Mons. Schneider: «Muchas personas están recibiendo la Sagrada Comunión en un estado objetivo de pecado mortal [...]. Esto se está extendiendo en la Iglesia, especialmente en el mundo occidental. Hay gente que muy rara vez van a la Santa Comunión con una preparación suficiente.»[1]

Cuantas comuniones sacrílegas, cuantas comuniones indiferentes, cuantas comuniones ingratas soportará el Señor cada día y cuantas almas le consolarán con una buena comunión, meditada, preparada y agradecida por el inefable regalo del cielo que se acaba de recibir. Este libro es, tal cual su título lo indica, un manual eucarístico para la Sagrada Comunión, un manual de meditaciones que nos permitirá preparar y vivir mejor ese momento, donde el cielo se une con nuestro pecho y donde los ángeles extasiados contemplan al Dios Hombre bajar a su criatura en una indescriptible unión de amor. Escrita por el Padre Baltasar Gracián, SJ (1601 – 1658) en el ya lejano siglo XVII, presenta una propuesta simple pero maravillosa, ofreciendo a las almas enamoradas 50 meditaciones para acompañar la Comunión con 4 puntos, uno para cada momento próximo a ese momento sagrado:

- Punto primero: Para antes de comulgar

- Punto segundo. Para comulgar.

- Punto tercero. Para después de haber comulgado.

- Punto cuarto. Para dar gracias.

Como todo libro de meditaciones, este no es un libro para leer rápidamente. Este es un libro para disfrutar, pero sobre todo para atesorar. Escrito con un bellísimo estilo lingüístico que nos transportará a tiempos antiguos, el lector debe detenerse en cada palabra, en cada frase, en cada punto, que lo acercará aún más al misterio que se

---

[1] Mons. Athanasius Schneider en entrevista a Catholic Herald. 2014 reproducido por Adelante la Fe.

medita y que facilitará la unión con «este Señor Sacramentado, de modo que Él sienta tu fervor, y tú experimentes su favor.»[2]

Cualquier intento de subsanar la crisis actual de la Iglesia será fútil si no viene acompañado de un verdadero renacer de la devoción eucarística, de un reconocer que la Sagrada Hostia no es una cosa, es una Persona, y que la Sagrada Comunión es la más plena unión de amor con Aquel por quién vivimos, nos movemos y existimos.[3]

«Si los ángeles pudieran sentir envidia, nos envidiarían por la Sagrada Comunión»

San Pío X

Ad Jesum per Mariam

Editor

---

[2] Página 32.

[3] Hechos 17:28

PRÓLOGO DE LA EDICIÓN DE 1928

E l libro del jesuita P. Baltasar Gracián MEDITACIONES PARA ANTES Y DESPUÉS DE LA COMUNIÓN[4] se reimprimía en estos últimos años totalmente desfigurado, por las muchas mudanzas y adiciones que algunos editores en él introdujeron.

Sale esta vez como salió de la pluma de su autor, que así es como puede apreciarse la honda belleza y el exquisito sentimiento que rezuman todas las páginas de un libro, pequeño, pero tan excelente, que de él supo decir Alfonso de Castro: «Creo firmemente que no hay de este género un libro más hermosa y dulcemente escrito en lengua castellana, ni más a propósito para el objeto»[5]. Y su objeto era dar a las almas materia evangélica y variada para suaves meditaciones antes y después de la Comunión. Hoy, que ésta se ha extendido por tan consoladora manera, el librito del P. Gracián es una joya aún más inestimable.

---

[4] Título de algunas ediciones anteriores del libro. Nota del Editor.

[5] Biblioteca de autores españoles. Colección de Rívadeneyra, t. 65, p. CV.

El docto jesuita, clásico en la dicción, ingenio portentoso, que publicaba sus obras con seudónimo, solo para ésta reservó el firmarla con su propio nombre.

Léela, lector, medítala, y te convencerás que ni fue elogio vano el de Alfonso de Castro, ni es recomendación exagerada la que te hago.

MEDITACIÓN PRIMERA

De la plenitud de gracia con que la Madre de Dios fue prevenida para hospedar al Verbo Eterno, primer ejemplar de una perfecta Comunión.

Punto primero. Para antes de comulgar.

Considera el majestuoso aparato de santidad, el colmo de virtudes con que la Madre de Dios se preparó para haber de hospedar en sus purísimas entrañas al Verbo Eterno; disposición debida a tan alta ejecución. Fue, lo primero, concebida y confirmada en gracia, porque ni un solo instante embarazase la culpa el animado sagrario del Señor. Llámase su padre Joaquín, que significa preparación de Dios, y su madre Ana, que es gracia, porque todo diga prevenciones de Ella. Nace y mora en la Ciudad florida, como la flor de la pureza; nómbrase María, que quiere decir Señora, con propiedad, pues hasta el Príncipe de las eternidades la está previniendo obediencias. Críase en el Templo, gran maravilla del mundo, para serlo Ella del cielo; hace voto de virginidad, reservándose puerta cerrada para sólo el Príncipe; previénese su alma de la plenitud de la gracia, y alhájase su corazón de todas las virtudes, para hospedar un Señor por antonomasia Santo.

Pondera ahora tú que has de llegar a recibir el mismo Verbo encarnado, en tu pecho, que María concibió en su vientre; si Ella con tanta preparación de gracias, ¿cómo tú tan vacío de ellas? Mira que el que comulga, al mismo Señor recibe, que María concibe allí encarnado, aquí Sacramentado; si la Madre de Dios con tanto aparato de santidad se turba al concebirle, ¿cómo tú, tan indigno, no te confundes al recibirle? La Virgen, llena de virtudes, teme; y tú, lleno de culpas, ¿no tiemblas? Procura hacer concepto de una acción tan superior; y si la Virgen, para concebir una vez al Verbo Eterno, se dispone tantas, tú para recibirle tantas, procura prepararte ésta.

Punto segundo. *Para comulgar.*

A esta prevención de toda la vida correspondió bien la de la ocasión. Negada estaba esta Señora al bullicio humano, entregada toda al trato divino: ¡qué retirada de la tierra, qué introducida en el Cielo! Menester fue que entrase el Ángel a buscarla en su escondido aposento, y que llamase al retiro de su corazón. Tres veces la saludó, para que le atendiese una: tan dentro de sí estaba, tan engolfada en su devoción. Era velo a su belleza su virginal modestia, y el recatado encogimiento, muro de su honestidad. Admirado la saluda el Ángel; turbada le oye María, que puede enseñar a los mismos espíritus pureza. Convídala el sagrado Paraninfo[6] con la maternidad divina, y Ella atiende al resguardo de su virginidad; encógese al dar el sí de la mayor grandeza, y concede, no el ser Reina, sino esclava, que en cada palabra cifra un prodigio, y en cada acción un misterio.

---

[6] Anunciador de una felicidad. N. del E.

¡Llega, alma, y aprende virtudes, estudia perfecciones, copia este verdadero original de recibir a tu Dios, advierte con qué humildad debes llegar, con qué reverencia asistir! ¡Qué amor tan detenido! ¡Qué temor tan confiado! Si la Virgen, tan colmada de perfecciones, duda, si llena de gracias teme, y es menester que el que es fortaleza de Dios la conforte, tú, tan vacío de virtudes, oliendo a culpas, ¿cómo te atreves a hospedar en tu pecho al infinito e inmenso Dios? Pondera qué disposición será bastante, qué pureza igual. Prepara, pues, tu corazón, si no con la perfección que debes, con la gracia que alcanzares.

Punto tercero. Para después de haber comulgado.

En este purísimo Sagrario de la gracia, en este sublime trono de todas las virtudes, toma carne el Verbo Eterno: aquí se abrevia aquel gran Dios que no cabe en los Cielos de los Cielos, y la que estaba llena de gracia, quedó llena de devoción. Luego que reconocería en sus purísimas entrañas su Dios Hijo, sin duda que su alma, asistida de todas sus potencias, se le postraría, adorándole y dedicándose toda a su cortejo y afecto; el entendimiento, embelesado, contemplando aquella grandeza inmensa, reducida a la estrechez de un cuerpecito; la voluntad, inflamándose al amor de aquella infinita Bondad comunicada; la memoria, repasando siempre sus misericordias; la imaginación, representándole humano y gozándole divino; los demás sentidos exteriores, hurtándose al cariño de los soberanos empleos, estarían como absortos en el ya sensible Dios; los ojos, provocándose a verle; los oídos, ensayándose a escucharle, coronándose los brazos, y sellándose los labios en su tierna humanidad.

A esta imitación sea tu empleo, ¡oh, alma mía! Después de haber comulgado, cuando tienes dentro de tu pecho, real y verdaderamente, al mismo Dios y Señor, estréchate con Él, asístele en atenciones de cortejo, convóquense todas tus fuerzas a servirle, y todas tus potencias, a adorarle. Logra en fervorosa contemplación aquellos dulcísimos coloquios, aquellas ternísimas finezas que repetía la Virgen con su Dios Hijo encerrado.

Punto cuarto. Para dar gracias.

Cantó las gracias a Dios esta Señora, orillas de este abismo de misericordias, más gloriosamente que la otra María, hermana de Moisés, orillas del mar Bermejo. Comenzaría luego a magnificar sus maravillas, que lo que le abrevió su vientre le engrandeció su mente. Convida a las generaciones todas la ayuden a agradecer las universales misericordias, engrandecer el santo nombre del Señor. Pasa a eternizar de progenie en progenies los divinos favores con agradecidos encomios; y luego, volviendo atrás, porque los pasados, los presentes y venideros magnifiquen al Señor, despierta a Abraham y a su semilla, para que reconozcan y alaben la gran palabra de Dios desempeñada, cuando ya encarnada: de este modo da gracias la Virgen Madre por haber concebido al infinito Dios.

Al resonar, pues, de tan agradecidos cánticos, no estés muda tú, alma mía; y pues recibiste al mismo Señor, aplaude con voz de exultación y de exaltación, que es el sonido de tales convidados; empléense esa boca y esa lengua, saboreadas con tan divino pasto, en sus dulces alabanzas. Cántale hoy al Señor un nuevo cantar por tan nuevos favores, y todo tu interior, en su real divina presencia, se dedique a la perseverancia de ensalzarle por todos los siglos de los siglos. Amén.

MEDITACIÓN II

Del convite del hijo pródigo, aplicado a la Comunión.

Punto primero.

C onsidera al inconsiderado pródigo, caído de la mayor felicidad en la mayor desdicha, para que sienta más sus extremos: de la casa de su padre, al servicio de un tirano, metido en una vil choza, consumido del hambre, arrinconado de la desnudez, apurado de su tristeza, envidiando un vil manjar a los brutos más inmundos, y aún ése no se le permite. Aquí, acordándose de la regalada mesa de su padre, y cariñoso de aquel sabroso pan, que aun a los jornaleros les sobra. Viéndose hambriento de él, hártase de lágrimas, principio de su remedio, pues hacen reverdecer sus esperanzas; confiado del amor paterno, que nunca de raíz se arranca, resuélvese en volver allá y entrarse por las puertas siempre abiertas de su cielo.

Contémplate otro pródigo, y aún más mísero, pues dejando la casa de tu Dios y la mesa de tu Padre, te trajo tu desdicha a servir tus apetitos, duros y crueles tiranos. Pondera cuán poco satisfacen los deleites, cuán poco llenan las vanidades, aunque mucho hinchan. Lamenta tu infelicidad de haber trocado los favores de hijo de Dios en desprecios de esclavo de Satanás. Saca un verdadero desengaño, despreciando todo lo que es mundo, apreciando todo lo que es Cielo, y con valiente resolución vuelve, antes hoy que mañana, a la casa de tu Dios y a la mesa de tu buen Padre.

Punto segundo.

Resuelto el desengañado hijo de volver al paterno centro, dispónese con dolor para llegar al consuelo. Vuelve, lo primero, en sí, que aun de sí mismo estaba tan extraño. Entra, reconociendo su vileza ante la mayor grandeza, y revístese de una segura confianza: que, aunque él es mal hijo, tiene buen padre; y asistido de dolorosa vergüenza, llega confesando su flaqueza, y su ignorancia; comienza por aquella tierna palabra:

«Padre», y prosigue: «Pequé contra el Cielo, y contra ti.» ¡Qué presto le oye el Padre de las misericordias, y salta a recibirle, antes en sus entrañas que en sus brazos!: no le asquea andrajoso, ni le zahiere errado; escóndele, sí, entre sus brazos, porque ni aun los criados sean registros de su desventura; y aunque la necesidad del comer era más urgente, atendiendo a la decencia, manda le traigan vestido nuevo, en fe de una vida nueva; ajústale el anillo de oro en el dedo, en restitución de su nobleza profanada; y, viéndole de suerte que no desdice de hijo suyo, siéntale a su mesa, y vestido de gala, le regala.

Pondera tú con qué resolución deberías levantarte de ese abismo de miserias en que te anegaron tus culpas; cómo te debes disponer con verdadera humildad para subir a la casa de tu gran Padre; con qué adorno te has de asentar a la mesa de los ángeles, no arrastrando los hierros de tus pecados, desatado, sí, por una buena confesión. Vestido de la preciosa gala de la gracia, anillo en el dedo de la noble caridad, y con las ricas joyas de las virtudes, llega a lograr tan divinos favores.

Punto tercero.

Viéndole ya el Padre de las misericordias aseado, dignase de sentarle a su mesa; y para satisfacer su gran hambre, dispone sea muerto el más lucido ternerillo de sus manadas, y que todo entero, sazonado al fuego del amor, se lo presenten delante. Comenzó a cebarse con tanto gusto como traía apetito: el pasto era sabroso, su necesidad grande; con qué gusto comería, ¡oh, cómo se iría saboreando! Mirándoselo estaría su buen Padre, y diría: Dejadle comer, que lo que bien sabe, bien alimenta; trinchadle más, hacedle plato, coma a satisfacción, y hágale buen provecho. Ahora sí conocería la diferencia que va de mesa a mesa, de manjar a manjares, y el que llegó a mendigar la más vil comida de los brutos, ¡cómo estimaría ahora el noble regalo de los ángeles!; que, si una gota de agua de esta mesa basta a endulzar el mismo infierno, ¿qué será todo aquel Pan sobresubstancial?

Pondera tú cuánto mayor es tu dicha, pues tanto más espléndida tu mesa, cuando en vez del sabroso ternerillo, te comes el mismo Hijo del Eterno Padre, Sacramentado.

Aviva la fe, y despertarás el hambre; cómele con gusto, y te entrará en provecho; desmenúzale bien, y te sabrá mejor; advierte lo que comes, por la contemplación, y lograrás vida eterna.

Punto cuarto.

Quedaría el pródigo tan agradecido a tan buen Padre, cuan agasajado; estimador de su gran bien, al paso que desengañado, ¡qué propósitos sacaría tan eficaces!, ¡cuán verdaderos de nunca más perder, ni su casa, ni su mesa!; y en medio de esta fruición[7], ¡qué horror concebiría al miserable estado en que se vio! ¡Cómo atendería a no disgustarle en cosa, ya por amor de hijo, ya por recelo desgraciado! Iríase congratulando con todos los de casa, desde el favorecido al mercenario. ¡Cómo ponderaría el favor paterno y celebraría el regalo! ¡Cuántas mayores gracias debes tú rendir habiendo comulgado! Cuando te hallas tan favorecido, corresponda al favor tu fervor, levántense tus ojos de la mesa al Cielo, y pase la lengua, del gusto de Dios, a sus divinas alabanzas.

---

[7] Placer o gozo intenso que siente una persona al hacer algo. N. del E.

15

MEDITACIÓN III

Para comulgar con la intención del Centurión.

Punto primero.

Meditarás hoy las excelentes virtudes con que se armó este Centurión para ir a conquistar la misericordia infinita; aquella ferviente caridad con que sale en persona a buscar la salud, no ya para un hijo único, sino para un criado sobrado: y quien así se humilla con su criatura primero, ¿qué no hará después con su Criador? Conoció cuán poco valen los medios humanos sin los divinos, y así, solicita éstos con estimación y desengaño; no fía la diligencia al descuido de otro siervo, ni el hablar con Dios lo remite a otro tercero.

Pondera que hoy sales tú en busca del mismo Señor, no ya para solicitar la salud de un siervo, sino de tu alma. Al mismo Jesús has de hablar; procura, pues, prevenirte de virtudes para conquistar sus misericordias; llega con humildad a postrarte ante su divina presencia; saca un gran fervor de espíritu, una encendida caridad y una diligencia solícita.

Punto segundo.

Llega caritativo el Centurión, y recibe el Señor benignísimo; confía que tiene en su mano el poder, y muy a mano el quererle remediar. «Señor—dice—, un criado tengo en mi casa paralítico, tan impedido, que no ha sido posible llegar acá con el cuerpo, sí con el afecto.» Respóndele el Señor: «Si él no puede venir, yo iré allí a curarle.» Repara en la infinita bondad del Salvador. No sólo le escucha, pero se digna ir a su casa a curar al siervo; remunera una gran caridad con otra mayor, no permitiendo ser en ésta vencido de alguno.

Y entiende tú que en mostrando deseo del Señor, Él mismo se convidará a entrarse por las puertas de tu pecho. Ensancha los senos de tu alma para los favores de su diestra; dilata tu boca, para que la llene de tan regalado manjar; corresponda tu estimación a la infinita bondad; aviva el deseo de que venga a ti el Señor, que entre en tu pecho y sane tu alma.

Punto tercero.

Admirado el Centurión de tan divina humanidad, careando su nada con la infinita grandeza, espantado, y aun confundido, exclama: «Señor, yo no soy digno de que Vos entréis en mi pobre morada. Vos, Dios infinito; yo, un vil gusano: el Cielo os viene estrecho, ¿qué será mi pobre casa? Vos, hecho a pisar alas de querubines; yo, una hormiguilla vil, yo, un pecador menos que nada.» Repara que cuando los fariseos hinchados multiplican desprecios del Señor, un soldado hace alarde de veneraciones; aquéllos no se dignan de venir a Él, y el Centurión se espanta de que el Señor se digne ir a su casa.

Pondera que, si el Centurión así se confunde de que el Señor quiera pisar sus umbrales, cuánto más tú de que se digne entrar, no ya en tu techo, sino en tu pecho. «Sola una palabra vuestra—dice—es bastante a dar salud a mi criado y llenar de felicidades mi casa.» Con sola una palabra se contenta; y a ti la misma Palabra infinita, hecha carne, se entra en tus entrañas. Carea la grandeza de este Señor con tu vileza, y cuando llegues a comulgar, aniquílate, pues eres nada; pondera que si para la Omnipotencia bastaba una palabra, pero no para su infinita misericordia.

Punto cuarto.

¡En qué acción de gracias prorrumpiría el Centurión a tantas misericordias!; ¡cuán agradecido quedaría después de tan favorecido!: si humilde le veneró, agradecido le bendice, publicando a voces sus grandezas. Celebra también el Señor su fe, y propónenosla la Iglesia Santa por ejemplo, al recibirle.

Pondera cuánto mayores gracias debes tú rendir a este Señor, cuanto mayores han sido los favores; mira que no vuelvas luego las espaldas a esta fuente de misericordia, desagradecido, sino alábale eternamente obligado, diciendo: Cantaré las misericordias, del Señor eternamente. Corresponda a este Pan cotidiano un hacimiento de gracias de cada día, platicando con el ejercicio una tan grande enseñanza de virtudes.

MEDITACIÓN IV

Para comulgar con la fe de la Cananea.

Punto primero.

Considera cómo la Cananea deja su casa y su patria, comodidades y culpas, y sale, tan diligente cuan afligida, a pedir misericordia a la fuente de ellas; multiplicáronse sus trabajos, y así se aumentó su diligencia. Llegaron a ella los ecos de los milagros hechos de Cristo, y no se hizo sorda; al punto vino clamando diligente: gran disposición para parecer delante de un Señor tan amigo de comunicar el consuelo, y el remedio.

Pondera cómo la Cananea viene pidiendo misericordia, y a ti te ruegan con ella; no te cuesta tanto hallar todo el Pan del Cielo, como a ésta una migaja; no el salir de tu reino ni de tu patria; no el ir al cabo del mundo a comulgar, pues en cada iglesia tienes al Señor Sacramentado, y que te está convidando. Estima una felicidad tan grande, y tan a mano, y procura salir de ti mismo, de tu amor propio, de los fines errados de una intención torcida, para que entre sin embarazo este divino Bien en tu pecho. Saca una gran disposición de heroica fe, firme esperanza, oración perseverante y diligencia fervorosa.

Punto segundo.

Persevera en rogar la Cananea, y hace el Señor del que no la oye, cuando más la atiende: suspende sus misericordias, porque ella más conozca y repita sus miserias, que le es música sonora; lo que enfadó a los Apóstoles.

Pondera lo que importa no desmayar en los ejercicios de virtud; y aunque el ministro del Señor tal vez se enfade, y otros te murmuren de que frecuentas confesiones y comuniones, tú no desmayes ni te retires: persiste como Ana, aunque censurada de Helí; que no se cansa, ni se enfada aquel Señor que tiene por sus delicias los ruegos, y por descanso el estar en el pecho del que comulga; aprende perseverancia de esta fervorosa mujer, a no acobardarte con pusilanimidades, y coronarás las obras.

Punto tercero.

Prosigue el Señor en ensayar su virtud en el crisol de la prueba, para que salga más luciente el oro de su fe, campee su paciencia y se realce más su humildad; y cuando gusta de tenerla cerca, entonces la dice: «Apártate, que no es bien arrojar a los perros el pan de los hijos.» Desmayara cualquiera viendo tales amagos de disfavor, más la Cananea está tan lejos de agraviarse, que se humilla más; no la espantan rigores de Dios a la que sabe bien lo que son vejaciones del demonio; no siente los desprecios la que conoce sus deméritos. Retuerce ella el argumento, y no sólo a hombre, sino a Dios: «Sí, Señor -dice- que las migajuelas que caen de las mesas de los señores, gajes son de los perrillos; yo me conozco, que soy delante de Vos, como decía el santo Rey, una bestezuela, más inútil que un perrillo; pero también sé que Vos sois mi buen dueño, y que pues sustentáis los pajarillos del aire, no me dejaréis a mí perecer.»

Pondera la excelente humildad de esta mujer; nota la lealtad de su fe, la fidelidad de su confianza, la fineza de su caridad; y si ella con una migajuela se contenta, y juzga que le sobra la dicha, tú, que no sólo alcanzas una migaja, sino que recibes todo el Pan del Cielo, ¡cuánto más debes estimar, y lograr su suerte! Aprende aquí la humildad, y practícala en humillaciones; saca estimación del favor, y adoración de la grandeza del Señor, a quien recibes.

Punto cuarto.

Exclamó el Señor, oyendo tanta fineza: «¡Oh, mujer! Grande es tu fe, sea grande tu dicha; yo te otorgo lo que pides, pues así mereces.» Hizo el Señor esta demostración de admirado, para que nos admirásemos nosotros y la imitásemos también.

Pondera, qué gracias rendiría después la que con tal humildad llegó antes; y la que tan fiel vino pidiendo, qué agradecida volvería alcanzando; cómo levantaría la voz al agradecimiento la que así el grito al ruego. !Oh, tú, que has conseguido tanto mayor merced, no migajuelas del favor, sino colmos de gracia!: sea también cumplido tu agradecimiento; si a gran boca, gran grito, resuenen eternamente en tu boca las divinas alabanzas.

MEDITACIÓN V

Del Maná, representación de este Sacramento; pondéranse las diligencias en cogerle, sus delicias en comerle, y las circunstancias del guardarle.

Punto primero.

Meditarás la maravillosa disposición que precedió en aquel pueblo para recibir el milagroso manjar. Salen de Egipto y de sus tinieblas en busca de la luz, para la visión de paz; pasan un mar, abismo de miserias, dejando anegados sus enemigos mortales; caminan por un desierto, sin comunicar con las gentes, tratando con sólo Dios; beben las aguas del Maná, juntando la oración con la mortificación; fáltales la comida de la tierra, para que apetezcan la del Cielo: que toda esta gran preparación es menester, y vivir una vida de ángeles, para comer el Pan de ellos.

Pondera tú, si para la figura sola, para una sombra de esta comida, precedió tanta disposición, ¿cuál será bastante para llegar a comer el Pan sobresubstancial, el Cuerpo y Sangre del Señor, en verdadera, y no figurada, comida? ¿Cómo has de haber salido de la esclavitud del pecado? ¿Qué lejos has de estar de la ignorancia de tus tinieblas? ¿Cómo has de hermanar la oración con la mortificación? ¿Qué trato con Dios? ¿Qué retiro de los hombres? ¿Qué abstinencia de los viles manjares, para lograr el Maná verdadero?

Punto segundo.

Estando tan bien dispuestos, merecieron ser consolados del Señor. Envíales aquel exquisito manjar, con que quedan admirados y satisfechos; no les envía comida de la tierra, sino del Cielo, para que vivan vida de allá; no sabe a un solo manjar, sino a todos, al que cada uno desea, para que adviertan que todo el bien que pueden desear, allí le hallarán cifrado; y así, atónitos, decían: ¿Qué manjar es éste tan raro, venido del Cielo, enviado de la mano de Dios? Con cuánta más razón puedes tú hoy decir: ¿Qué comida es ésta tan preciosa? Respóndete la fe, diciendo: Éste es un Verbo hecho Carne, y ésta una Carne hecha por un Verbo. Este es el Pan de los ángeles, que los hombres se le comen; éste es aquel Pan que es regalo de los Reyes; éste es el Maná verdadero, que da vida, y en una palabra, esto es comerse el hombre a su Dios, que, como es Bien infinito, encierra cuantos favores hay. Gústale, mira qué suave es y cómo sabe a todas las virtudes y gracias.

Punto tercero.

Para un manjar tan misterioso, misteriosas circunstancias se requieren: salían al alba a recogerle en aquella virgen hora; sea este el primer cuidado del día; menester es madrugar; cueste solicitud y desvelo, antes que salga el sol: que como es tan puro y delicado, con cualquier calor del mundo se deshace. Recoge cada uno lo que basta, que no tolera humanas codicias; no se guarda para otro día, porque quiere ser pan reciente y cotidiano, avisando de su frecuencia. Conviértese luego en gusanos, roedores de la delincuente conciencia.

Pondera cuánto más puntuales y misteriosas circunstancias requiere este Maná Sacramentado. Sea este tu primer blanco; no te distraigas a otro empleo; no seas perezoso en buscarle, que te quedarás vacío; trátale con pureza, no sea que, en vez de darte vida, engendre los gusanos de tu muerte.

Punto cuarto.

Quedaron favorecidas aquellas gentes, mas no agradecidas; que, de ordinario, las mayores misericordias de Dios se pagan con ingratitudes del hombre. Asquearon luego el sabroso manjar; que, como materiales, no perciben los regalos del espíritu; despreciaron el Pan del Cielo, y apetecieron las cebollas gitanas.

Temo, alma, no seas tú aún más desagradecida que éstos; que cuanto mayor es el favor que has recibido, tanto más culpable será la ingratitud. Celebra este verdadero Maná, y repite su fruición más veces que el Real Profeta en sus Cánticos de alabanzas del que sola fué representación. Préciate de buen gusto, y conózcase en no apetecer más los viles contentos de la tierra.

MEDITACIÓN VI

Para comulgar con la devoción de Zaqueo.

Punto primero.

¡Oh, mi Dios y mi Señor! Cuando los hinchados fariseos no se dignan de miraros, un príncipe de los publícanos solicita el veros. No llega a pedir remedio de sus males, como otros; y no porque no sean los suyos mayores, pues son del alma, sino porque no los conoce. Tráele la curiosidad de conoceros milagroso, no el deseo de seguiros Santo. Vase entremetiendo y no llega: que los ricos, con dificultad se pueden acercar a Vos, pobre y trabajado desde nacido; nadie hace caso de él, porque había hecho caso de ellos. Viéndose tan poco dispuesto, determina subir a un árbol, a lo de hombre común, y sin reparar en el decir de los hombres, atropella por ver a Dios.

Pondera hoy, alma mía, cuando sales a comulgar, que vas en busca del mismo Señor; a conocerle sales, y a contemplarle; impedirte han de verle los accidentes de pan que le rodean, y mucho más las imperfecciones que te cercan; viéndote, pues, de tan corto espíritu, como Zaqueo de cuerpo, levántate sobre ti misma, sube en el árbol de la devota contemplación, o en el de la cruz de una mortificación perfecta, arraigada con la viva fe, verde con la esperanza, lleno de frutos de caridad, y con los ojos del espíritu logra el verle, solicita el contemplarle.

Punto segundo.

Estaba Zaqueo viéndoos, Señor, muy a su gozo desde el árbol, con tanto gusto cuanto había sido su deseo; hacíase ojos por veros, y Vos corazones porque os viese; gozaba de vuestra divina presencia, experimentaba en su alma maravillosos efectos; y cuando llegasteis a emparejar con él, mirasteis al que os miraba, levantasteis vuestros divinos ojos, que, mirados o mirando, siempre fueron bienhechores. Fuéseos la palabra tras ellos, y aun el afecto, y nombrándole por su nombre, porque entienda que le atendéis y que a él se encamina un tan grande favor: «Zaqueo—le decís—, desciende diligente, que hoy me quiero hospedar en tu casa muy despacio.» ¡Oh, qué gozosa admiración correspondería a una dicha tan impensada! ¡Oh, lo que valen diligencias del hombre para con Dios!, pues el que antes tenía por gran felicidad poder llegar a veros desde lejos, ya baja del árbol, ya se os acerca, se os pone al lado, y se asienta a la mesa con Vos.

Imagínome subido en el árbol de la contemplación, apoyo de mi pequeñez, deseoso de ver y conocer al Señor, y que, llamándome por mi nombre, me dice: «A ti digo, desciende, acércate a mí Sacramentado, llega a comulgar, que hoy me importa hospedarme en tu pecho.» Hoy dice, no lo remitas a mañana; «¿qué sabes si tendrás más tiempo?»; y si el Señor dice que le importa a su misericordia, ¿cuánto más a mi miseria? Acude, ¡oh, alma mía!, con diligencia fervorosa a recibirle, de modo que no lo diga a un sordo de ignorancia, a un perezoso de ingratitud.

Punto tercero.

¡Con qué presteza obedecería Zaqueo! Lo primero sería postrarse y adorar aquellos pies, que se dignaban hollar los umbrales de su casa; bien quisiera fuera en esta ocasión un gran palacio, para hospedar un huésped tan magnífico. ¡Cómo le franquearía cuanto tenía, poniéndole a sus pies, quien así lo repartía en manos de los pobres. «La mitad—dice—de mis rentas doy, Señor, de limosna»; y sin duda de aquí le nació la dicha, porque del hospedar al pobre, se pasa a recibir al Señor; de dar de comer al mendigo, se llega a comer a Dios. Pero cuando se viese sentado a la mesa con el Señor, tan apegado con Él, a quien aun verle desde lejos no se le permitía, ¡qué gozo experimentaría en su alma!: no cabría en sí de contento, viendo cabía en su casa el infinito Dios.

Pondera tú cuando te ves sentado a la mesa del Altar, mucho más allegado a Cristo, pues no sólo a su mismo lado te sientas, sino que dentro de tu mismo pecho le sientes, guardado allá en tu seno, qué contento debería ser el tuyo; no haya otro en el mundo para ti; corresponda la estimación al favor, despertándose en ti un continuo deseo de volverle a lograr, desquitando el sentimiento de haber perdido tantas comuniones en lo pasado, con la frecuencia en lo venidero.

Punto cuarto.

Quedó Zaqueo tan agradecido cuan gozoso: que los humildes son muy agradecidos; todo les parece sobrado, cuanto más un favor tan poco merecido; congratulábase con sus amigos, ganándolos todos para Dios. ¡Qué gracias haría al Señor, ofreciéndole cuanto tenía, y en primer lugar, su corazón! «Desde hoy, Señor, que os he conocido, os comenzaré a servir; mudanza ha sido de vuestra diestra.» Levantóle el Señor para echarle la bendición, colmando su casa de bienes y su alma de perfecciones.

Pondera cuánto más agradecido debes tú mostrarte, pues si allí el Señor se dignó entrar dentro de la casa de aquel publicano, aquí dentro, de tu pecho; allí convidó Zaqueo al Señor, aquí el Señor te regala; allí le ofreció Zaqueo toda su casa, aquí le has de ofrecer toda tu alma, tu entendimiento para conocerle, tu voluntad para amarle, suplicándole te eche su bendición, no ya de hijo de Abraham, sino de aquel gran Padre que vive y reina por todos los siglos. Amén.

MEDITACIÓN VII

Para comulgar con la confianza de la mujer que tocó la orla de la vestidura de Cristo.

Punto primero.

Considera cómo habiendo padecido esta mujer tantos años una tan gran pensión del vivir, achaque de la culpa, y viendo cuán poco la habían valido los médicos de la tierra, hoy acude al del Cielo; previénese, en vez de paga, de una rica confianza en el poder y querer de este Señor; sabe que con este Médico divino, el dar ha de ser pedir, y así, viene diciendo: «Yo sé que si llego a tocar aunque no sea sino un solo hilo de su ropa, tendré seguro el de mi vida, aunque delgado.» ¡Oh, grande mujer! ¡Oh, gran misericordia del Señor! Otros médicos tocan al enfermo para curarle; aquí el enfermo toca al médico para sanar. «Yo conozco—decía—su infinita virtud; grande es su poder, igual es su bondad; tan misericordioso es como poderoso; tóquele yo, que Él me curará.»

Reconoce tú los graves achaques que en imperfecciones afligen tu alma ese flujo de pasiones, reflujo de pecados; concibe un gran deseo de sanar, que es la primera disposición para la salud; entiende que aquí tienes el mismo Médico divino que sana a tantos enfermos; acude con viva fe, con heroica confianza de que todo tu remedio consiste en tocarle y recibirle.

Punto segundo.

Ceñía por todas partes el tropel de la gente al Salvador; rodeado iba de corazones, asistido de afectos, y así no le daban lugar a esta mujer para poder llegar a pedirle la salud cara a cara: que siempre se les ponen delante grandes estorbos a los que tratan de acercarse a Dios. Viendo esto, diría: No merezco yo tanta dicha de poder hablar a mi Dios y mi Señor, siendo polvo y ceniza; más yo sé que es tanta su virtud, que con sólo que yo toque la fimbria de su manto, quedaré sana. Ella creyó, y el Señor obró; tocó la ropa, y al mismo punto quedó buena. Otros muchos apretaron al Señor, y no sanaron; ésta sí, que llegó con viva fe, con eterna confianza: no le tocó con sola la mano, acompañóla con el fervoroso espíritu, y tocóle al Señor en lo más vivo, que es la grandeza de su misericordia.

Pondera ahora tú, que llegas a comulgar, cuánto mayor es tu dicha, pues no sólo tocas el ruedo de su vestidura, sino a todo el Señor; tú le abrazas, tú le aprietas, en tu pecho le encierras, todo entero te le comes; aviva, pues, tu fe, enciende tu caridad, reconoce tu dicha, estima la ocasión; y pues tocas la orla de las especies sacramentales, concibe una gran confianza de que has de cobrar entera salud de todos tus vicios y pasiones.

Punto tercero.

«¿Quién me ha tocado?»—dijo al punto Cristo. Y San Pedro: «¡Oh, Señor!—respondió— están os apretando tanto, y por todas partes, y decís: ¿quién me ha tocado?» Sí, que aunque muchos se llegan a Jesús, pero no le tocan vivamente, no le adoran con espíritu; ésta sí que le tocó en lo más sensible de su infinita bondad; ella con fervor, ellos con frialdad; y así, ni el Señor los siente, ni ellos sienten su divida virtud.

Oye cómo te pregunta a ti el mismo Cristo hoy: «¿Me has tocado, alma, con fe viva?; ¿has comulgado con fervor, o no más por costumbre? ¿Quién es el que me ha tocado vivamente?» ¡Oh, cuántos llegan a comulgar, que no le tocan al Señor ni aun en el más mínimo hilo de la ropa! ¡Cuántos le reciben sin la debida preparación! Y así, sin fruto, no sanan de sus llagas, porque no le tocan con sus corazones; no curan, porque no se curan. Saca de aquí un gran espíritu para acercarte a este Señor Sacramentado, de modo que Él sienta tu fervor, y tú experimentes su favor.

Punto cuarto.

Admirada la mujer de lo que siente y lo que oye, de ver una maravilla tras otra, llena de temor y de amor, no menos de verse descubierta que sana, confiesa a la par su indignidad y su dicha: rinde gracias a sus misericordias. Llamóla hija el Señor, que fue confirmar su bendición; y volvióla a encargar la confianza, pues tan bien le fue con ella.

Pondera qué gracias debes tú dar a un Señor que, no ya un hilo de su ropa, sino todo su Cuerpo y su Sangre te ha franqueado; que no sólo te concede que le toques, sino que le comas: sea comenzar el hilo de sus alabanzas, sin romperle eternamente. ¡Oh, con cuánta más razón podrá llamarse hijo de Dios el que comulga dignamente! Pues, así como el hijo vive por el padre, así el que comulga vive por Cristo, porque se alimenta de su Cuerpo; vive en Cristo, porque permanece en Él. Saca un amor reverencial cuando llegas a tocar con tus labios, con tu lengua y con tus entrañas este Sacramentado Señor, y sea de modo que quedes tan agradecido cuan curado.

MEDITACIÓN VIII

De la entrada del Arca del Testamento en casa de Obededón, y cómo la llenó de bendiciones.

Punto primero.

Contempla la castigada temeridad de Oza[8], qué temor causaría en los presentes. Temblaron todos los legos viendo muerto al Sacerdote, y dirían: Si éste, porque sólo alargó la mano a detener el Arca en el temido riesgo, así lo paga, ¿qué no merecerá el que la hospedare indignamente? Él levantó la mano, y todos la metieron en su pecho; todos temieron, y todos se retiraron; hasta el mismo santo Rey receló indigno su real palacio para tan gran huésped, y le juzgó insuficiente a tan divino cortejo.

Ponderarás tú ahora si un Arca, que no fue más de sombra de este divino Sacramento, así la cela el Señor, tal respeto la concilia, con tanta majestad quiere sea tratada, ¿qué reverencia, qué recato, qué pureza será bastante para haber de recibir al mismo, inmenso e infinito Dios, contenido en esta Hostia? Si los ángeles asisten con

---

[8] 1 Crónicas 13:10. N. del E.

temor, ¿cómo tú te llegas sin recelo? Si la pureza de los solares rayos no basta para viril, ¿cómo será decente centro la vileza de tu corazón, la inmundicia de tu conciencia? Saca una reverencia temerosa y un respetuoso temor para llegar a encerrar toda la incomprensible majestad del Cielo en la corta morada de tu pecho.

Punto segundo.

Dispone el Rey sea llevada el Arca a casa, no de un príncipe, sino de un hombre virtuoso, que es la verdadera nobleza: era grande en los ojos del Señor, porque humilde en los suyos. Confirmó el Cielo la elección con multiplicados beneficios; eran muchas sus virtudes, pero mayor su humildad; grande su mérito, igual su encogimiento. Llamábase Obededón, que significa siervo del Señor, que es gran atractivo de la viva grandeza hacerse esclavo el que le ha de recibir; es la humildad la tablilla que nos muestra la posada de Dios. Teníase por más indigno que todos de hospedar el Arca en su casa, pero ejecutólo por obediencia, y así pudo cantar las conseguidas Victorias, aunque no contar las recibidas mercedes. ¡Con qué diligencia la dispondría, adornándola, más de virtudes que de preciosidades! No faltaría el temor de Dios afectuoso, ni el amor muy recatado.

Pondera tú, que has de hospedar hoy, no la sombra, sino el Sol mismo, aunque dentro la nube de los accidentes; no ya la figura, sino la realidad de un Dios, real y verdaderamente encerrado en esta Hostia; no en tu casa, sino en tu pecho, ¿cómo te debes disponer, cómo debes adornar el templo de tu alma, de riqueza en virtudes, de alhajas en méritos? Mira que hoy dispone el Rey del Cielo que entre el Arca de su Cuerpo Sacramentado bajo tu techo, en tus mismas entrañas; advierte, pues, con qué confusión la debes recibir, con qué reverencia cortejar.

Punto tercero.

Entró el Arca del Señor en casa de Obededón, favorecida primero en recibirla, y dichosa después en recibir bendiciones: no fue casa vacía, sino llena de devoción; tampoco lo fue el Arca, llena, sí, de los tesoros del Cielo, colmándola de felicidades. ¡Qué gozoso se hallaría Obededón al ver que, cuando él temía rigores, experimentaba favores! Tanto se premian servicios de obediencia, obsequios de humildad. Pagóle bien el hospedaje el Señor, que, como tan gran Rey, donde una vez entra, nunca más se conoce miseria.

Pondera tú qué mercedes no te puedes prometer el día que esta Arca verdadera, no vacía, sino llena del divino Maná del Cuerpo y Sangre de Cristo, verdadero Dios y Señor, entra en tu pecho. Aquélla fue la caja, ésta la joya; aquélla llenó de bienes la casa de Obededón, porque fue figura de ésta; ¡cuánto más colmará ésta de favores tu corazón! Logra la ocasión que tienes; advierte que aquí están todos los tesoros de Dios, la mina rica de la gracia; sabe pedir, que al mismo Rey en persona tienes hospedado en tus entrañas.

Punto cuarto.

No fue la menor de las recibidas mercedes el agradecimiento de Obededón y de todos los de su casa; y fue tan grande, que llegó a ser fama: no se hablaba de otro en todo Israel, celebrando todas las felicidades de su casa;

emulábanle la dicha, y pudieran la virtud. Hasta el santo Rey David, ya animado, trató de llevar el Arca a su real palacio, deseando emplearse en los obsequios y participar de los beneficios.

¡Oh, tú, que hoy has comulgado!, mira que no enmudezcas a las divinas alabanzas; parte es de merced el agradecimiento, y pues te reconoces tanto más favorecido que Obededón, muéstrate otro tanto más agradecido; serán estas gracias empeño de nuevos favores, y pues todos los de tu casa han participado de las divinas mercedes, todas tus fuerzas y todas tus potencias se empleen en alabar al Señor; convida a las generaciones de las generaciones, con el santo Rey Profeta, te ayuden a cantar las misericordias del Señor por todas las eternidades de las eternidades. Amén.

MEDITACIÓN IX

Para llegar a comulgar con el encogimiento de San Pedro.

Punto primero.

Considera que si Juan mereció recibir tantos favores de su divino Maestro por lo virgen, Pedro los consiguió por lo humilde; Juan fue el discípulo amado; Pedro, el humillado, había de ser Cabeza de la Iglesia, y superior de todos por su dignidad; pero él se hacía pies de todos por su humildad. Lo que le arrebataba el favor en las ocasiones, le detenía su encogimiento; no osaba preguntar al Señor, y así el Señor le preguntaba a él; cuando los otros pretendían las primeras sillas, él no se tenía por digno de estar delante de su Maestro. Agradado el Señor de este encogimiento, dejando las otras barcas, entra en la suya, desde ella predica, y en ella descansa; llevaba Pedro las reprensiones, pero gozaba de los especiales favores.

Pondera qué buena disposición esta de la humildad para llegar a recibir a un Señor que se agrada tanto de los humildes; y para haber de comulgar, procura prevenirte de este santo encogimiento; retírate, reconociendo tu bajeza, para que el Señor te adelante a gozar de su grandeza; siéntate en el último lugar en este divino convite, que el Señor te subirá más arriba; humíllate cuanto más quisieres agradar a un Señor que se le van los ojos tras los mansos y pequeños.

Punto segundo.

Desvelados los Apóstoles, trabajaron toda una noche y nada cogieron, porque no les asistía su divino Maestro; estaban a oscuras sin su vista, y de balde sin su asistencia; que donde Él falta, nada sale con felicidad. Pasó ya la noche de su ausencia, amaneció aquel Sol divino, y todo se llenó de sus alegres influencias. Abrió San Pedro los ojos de su fe, y conocióse a sí mismo y a su divino Maestro; reconoció su propia flaqueza y el poder del Señor; su vileza, y su grandeza; en sí halló nada, y en Dios todo; y así dijo: «Divino Maestro, toda la noche hemos remado, y nada conseguido, que sin Vos nada somos y nada valemos; más ahora, en vuestro nombre, calaré las redes.» Ejecutólo con esta confianza, y logró el lance con doblada dicha, pues pudieron llenar ambas barcas de la abundante pesca.

¡Oh, alma mía!, tú, que andas toda la noche de esta tenebrosa vida zozobrando en el inconstante mar del mundo, donde no hay hallar seguridad ni sosiego, oye lo que el Señor desde aquel viril te está diciendo: «Echa el lance de tus deseos a la mano derecha de las verdaderas felicidades, y llenarás tu seno de los eternos bienes; cala la red hacia el cebo de esta Hostia, y te apacentarás, no ya de los sabrosos pescados, sino de mí mismo Cuerpo.» Mírale con los ojos de la fe de Pedro; ve careando tu pobreza con su riqueza, tu cortedad con su infinidad, tu flaqueza con su omnipotencia, tu nada con el todo, y dile: Señor, sin Vos, nada soy, nada valgo y nada puedo.

Punto tercero.

Confúndese San Pedro, y considerándose pecador ante aquella inmensa Bondad, aniquílase, flaco, ante el infinito Poder, y lleno de humilde encogimiento, viéndose en la presencia del Señor, exclama temeroso y dice reverente: «Señor, apartaos de mí, que soy un gran pecador: retiraos, ya que yo no puedo huir de Vos»; que fue decir: ¿Quién soy yo? ¿Quién sois Vos, Señor? Yo, una vil criatura; Vos, el Omnipotente Criador; yo, la misma ignorancia; Vos, Sabiduría infinita; yo, frágil, que hoy soy y mañana desaparezco; Vos, indefectible y eterno; yo, un vil gusano de la tierra; Vos, el Soberano Monarca de los Cielos; yo, flaco; Vos, Todopoderoso; yo, corto; Vos, inmenso; yo, pobre mendigo; Vos, la riqueza del Padre; yo, necesitado; Vos, independiente; yo, al fin, nada; y Vos, todo. Señor mío y Dios mío, ¿cómo me sufrís en vuestra presencia?

¡Oh, alma mía, con cuánta más razón podrías tu exclamar y decir lo que San Pedro! Que si él, por sólo estar delante del Señor, así se confunde y se aniquila, tú, que no sólo estás en su divina presencia, sino que le tocas con impuros labios, que le recibes en inmunda boca, que le metes en tan villano pecho, que le encierras real y verdaderamente en tus viles entrañas, ¿cómo no das voces diciendo: Señor, retiraos de mí, que soy el mayor de los pecadores? ¿Cómo me podéis sufrir ante Vos, Dios mío y todas mis cosas? ¡Yo, nada y todas las nadas! ¡Con qué reverencia, con qué pasmo, con qué confusión habías de llegarte a comulgar, a vista de tan inmensa grandeza!

Punto cuarto.

No le echa de su presencia el Señor a Pedro, antes le une más estrechamente consigo; está tan lejos de apartar los ojos de su humildad, que se le van tras ella; no le niega el rostro; franquéale, sí, el corazón; y agradado de su recatado encogimiento, trata de encomendarle sus tesoros, las margaritas más preciosas y que más le cuestan: sus corderillos y ovejas. Quedó Pedro tan agradecido cuanto antes retirado, dos veces confundido de la repetida benignidad de su Señor; y si antes se negaba a su presencia, ya se adelanta a su alabanza, desempeñando humildades de su desconfianza, en animosos agradecimientos de su dicha.

¡Oh, Señor mío y todo mi bien! Cuánto más obligado me reconozco yo hoy, cuando llego a recibiros, pues no sólo me permitís estar ante vuestra infinita grandeza, sino que os dignáis de estar Vos mismo, real y verdaderamente, dentro de mi pecho: Vos en mí, y yo en Vos, que sois mi centro y todo mi bien; sea yo tan puntual en los obsequios, como Vos generoso en los favores; no se muestre villano un pecho tan privilegiado y favorecido, y sea la confesión de mi vileza, pregón repetido de vuestras inmensas glorias. Amén.

MEDITACIÓN X

Para recibir al Señor con las diligencias de Marta y las finezas de María.

Punto primero.

C ontempla cuando las dos hermanas en sangre, y mucho más en el espíritu, entendieron que el Señor iba a honrarles su casa, qué estimación concebirían, qué gozo recibirían de un tan grande favor. ¡Con qué deseo esperaría Magdalena a aquel Señor que algún día con tanta ansia había ido a buscar!; y si tuvo entonces por gran dicha el ser bien recibida, hoy estimaría por singular favor el poderle recibir. ¡Qué preparación harían tan grande las que tan bien conocían la majestad y grandeza del huésped que esperaban! Grande sería el adorno de las salas, mayor el de sus corazones, y las ricas alhajas simbolizarían sus preciosas virtudes.

Pondera tú que el mismo Señor, real y verdaderamente, viene hoy en persona a hospedarse en el castillo de tu corazón; trata de entregarle las llaves, que son tus potencias y sentidos; hermánense tu voluntad y entendimiento, para asistirle con estimaciones y fineza; preceda una grande preparación de alhajas en virtudes, con mucha limpieza de conciencia, oliendo todo a gracia y santidad.

Punto segundo.

Vase llegando el divino Maestro a las puertas del castillo, ostentando en su divino rostro un celestial agrado: saldríanle a recibir las dos hermanas, con afectuosa reverencia, seguidas de toda la familia, porque todos se empleasen en servir al Señor. ¡Qué gozosas le reciben! ¡Qué agradecidas le saludan! ¡Qué corteses le agasajan! Paréceme que estoy viendo a Marta muy solícita, y a Magdalena afectuosa. Pero ¡con qué soberana apacibilidad correspondería el Señor a sus afectos! Llevaríanle en medio, en emulación de ambos serafines, aleando entrambas, la una amando, y la otra sirviendo. Conduciríanle a la más aliñada pieza, digo al centro de su corazón, y allí no perderían punto de oír su celestial conversación, de gozar de su divina presencia.

¡Oh, tú, que recibes hoy al divino huésped!, mira que llega ya a las puertas de tus labios, al castillo de tu pecho; salte el alma de contento al recibirle, acompañada de todas sus potencias y sentidos, sin que ninguno se divierta. Salga la solicitud de Marta y la devoción de María, avívese tu fe, esfuércese tu esperanza, enciéndase tu caridad, y condúcele al adornado centro de tu corazón.

Punto tercero.

Divídense las dos hermanas los dos diferentes empleos, aunque ambos dirigidos al divino servicio. Acude Marta a prevenir el regalo material, quédase María gozando del espiritual; Marta prepara la comida María goza del pasto de la celestial doctrina, y como acostumbrada a los pies de su Maestro, donde halló el perdón, ahora solicita el consuelo: prosigue amante, la que ya penitente. ¡Con qué fruición asistiría a la real divina presencia ¡Qué absorta, oyendo platicar a Cristo! ¡Qué altamente guardaría aquellas palabras de vida eterna! ¡Oh, qué consuelo siente un alma puesta a los pies de este Señor, después de haberle recibido! ¡Qué oración tan provechosa! ¡Qué comunicación tan agradable! Da quejas Marta al Señor de que su hermana la haya dejado sola, confesando la desigualdad de su empleo, y ponderóla el Señor, con aquellas tan magistrales palabras, diciendo: «Marta, Marta, toda tu solicitud de la comida del cuerpo, es turbación, y sosiego la del espíritu. De verdad que sólo un manjar es necesario, y ése da vida eterna; bien supo escoger María.»

Oye, alma, como te dice el mismo Señor a ti otro tanto: «¿Qué te distraes en los bienes perecederos? ¿Qué cuidas de los manjares de la tierra? No hay regalo como el divino Sacramento; llégate a mí, y goza de mi dulce presencia; recíbeme en tu pecho, y estáte aquí conmigo, que esta es la bienaventuranza de la tierra.» No pierdas este buen rato de una santa y fervorosa Comunión.

Punto cuarto.

¡Qué agradecida quedaría Magdalena al duplicado favor!, ¡qué desengañada Marta de que no hay otro comer, como gustar del Señor, apacentarse de su celestial doctrina y gozar de su divina presencia! No respondió palabra María, que estaba toda puesta en amar y agradecer, y quien así recibe favores de su Dios, no repara en agravios de su prójimo; habla con el corazón quien bien ama, remitiendo las palabras a los hechos.

Aprende tú, ¡oh, alma mía!, a estimar y agradecer; sean alabanzas los suspiros, y una Comunión agradecido obsequio de la otra; habla con el corazón si amas, y sea tu único cuidado asistir y cortejar al Señor que has recibido. Saca un hastío grande a todos los contentos humanos, y apetece sólo el manjar divino; más cercano tienes al Señor, que María, pues no sólo te concede estar a sus pies, sino estar Él dentro de tu pecho; reconoce doblado el favor, y rinde doblado el agradecimiento.

MEDITACIÓN XI

Del banquete de José, a sus hermanos.

Punto primero.

Carea la benignidad de José con la crueldad de sus hermanos; todos conspiran en vender. ¿Quién? Un hermano, por su ternura, amable, y por su inocencia, apacible. ¿Por qué? Sin culpas propias, antes por las ajenas. ¿A quiénes? A unos tan enemigos, como infieles, tan bárbaros, como gitanos. ¿Por cuánto? Por el precio y la inocencia de un cordero. ¿Con qué palabras? Cargándole de injurias, llamándole príncipe fingido, y hartándole de oprobios, como a sol soñado. ¿De qué modo? Despojándole de la túnica, si no inconsútil[9], talar. ¿A dónde le echan? Al desierto de un Egipto, al olvido de una cárcel.

Alma, ¿quién es este verdadero José, vendido, injuriado y maltratado? El benignísimo Jesús, amable por lo Hermano y venerable por lo Señor. ¿Quién lo vendió? Tú, vil e ingrata criatura. ¿Por cuánto? Por un vil interés, por un sucio deleite. ¿De qué modo? Pecando tan sin temor, ofendiéndole tan sin vergüenza. ¿Cuántas veces?

---

[9] Que no tiene costura. N. del E.

Cada día, cada hora y cada instante. Confúndete, pues, hoy que llegas ante su divina presencia, con más causa que los hermanos de José, que aquí le tienes, no virrey de Egipto, sino Rey del Cielo: si aquél disimulado, éste encubierto, si aquél les daba trigo, este Señor se te da en Pan. Entra reconociendo tus traiciones, antes de recibir sus favores; pídele que te perdone, antes que te convide; échate a sus pies, antes que te sientes a su lado; mezcla tus lágrimas con la bebida, y come la ceniza de tu penitencia con el pan de su regalo.

Punto segundo.

Considera al mansísimo José, con qué amor corresponde al odio de sus hermanos; no se contenta con hospedarlos en su casa, sino que los mete dentro de sus entrañas; trueca las venganzas de ofendido en finezas de amoroso, reconociendo a los que le desconocieron y honrando a los que le injuriaron; enlaza con cariñosos abrazos a los que le ataron con inhumanos cordeles, y en vez de lazo al cuello, retorna afectuosos abrazos; trata de enriquecer a los que le desnudaron, y llena de dones a los que de baldones; despierta con esto los que le tuvieron por dormido, y adoran verdadero al que despreciaron soñado; no sólo les da el trigo que vienen a buscar, sino que los sienta a su mesa y los festeja con espléndido banquete.

¡Oh, Bondad infinita! ¡Oh, benignidad incomprensible del dulcísimo Cordero Jesús! En la misma noche en que era entregado a sus enemigos en venganza, se entrega Él a sus amigos en comida, recambia las amarguras en dulzuras, brinda con su Sangre a los hombres, que andan trazando bebérsela; y cuando ellos aspiran a comérsele a bocados por rencor, Él se les da en banquete por amor; brinda con la dulzura de su Cáliz a los que le preparan la hiel y vinagre; trata de metérseles en el pecho a los que le han de abrir el costado; toma el Pan en las manos liberales que han de ser barrenadas con los clavos; alárgalas con liberalidad, cuando han de ser estiradas con crueldad; endulza con leche y miel aquellas bocas que han de escupir su rostro. Dime ahora, pecador: ¿puédese imaginar mayor ingratitud que la tuya, ni mayor bondad que la del Señor? Coteja estos dos extremos, y échate a los pies de un tan buen Hermano, reconociendo tu culpa, solicitando el perdón, que no es posible te le niegue el que se te da todo en comida.

Punto tercero.

Olvidando antiguos agravios, José inventa nuevos favores; y cuando todo el mundo está pereciendo de hambre, dispone hacerles un banquete. «Comed—les dice—, que yo soy José, no enemigo, sino muy hermano vuestro; no enojado, sino misericordioso.» Comían como hambrientos, y él les hacía platos; y cuando con sólo pan se contentaran para satisfacer su hambre, logran sazonados manjares para su regalo; no envidian el manojo superior, sino que gozan de sus frutos; y el Benjamín sin culpa, como era lobo rapaz, tragaba al doble que todos.

¡Oh, tú, que estás sentado a la mesa del Altar!: reconoce a tu buen Hermano Jesús, que no sólo te convida, sino que se te da en comida; fíase de ti, pues se entra dentro de tu pecho y se mete en tus entrañas; mira que no le vuelvas a hacer traición, cometiendo nuevas culpas; come como hambriento, y lograrás el regalo, que cuando los demás perecen de hambre, a ti te sobran las dichas; come con desahogo y confianza, que esa casa, esa mesa, siendo de Jesús, tu Hermano, tuya es, y te está diciendo: «Yo soy Jesús, a quien tú vendiste y perseguiste, no enojado, sino perdonador; acércate a mí sin recelo y colócame en tus entrañas con amor.»

Punto cuarto.

Volverían los hermanos tan agradecidos cuan satisfechos, ya de los beneficios recibidos, ya de las injurias olvidadas. ¡Cómo irían por el camino celebrando su dicha, pues cuando temieron castigos, experimentaron honras y favores! ¡Con qué diligencia caminarían a llevar las buenas nuevas a su padre, del hijo José, vivo, los que se las llevaron tan tristes algún día, de despedazado! ¡Cómo se congratularían con su buen padre de la recíproca dicha del hermano! ¡Y cómo alternarían con él las gracias y alabanzas al Cielo! Haríanse lenguas en repetir una y muchas veces el suceso, y no se contentarían con que lo relatase uno, sino que todos lo volverían a repetir.

Alma, más debe a quien más se le perdona. ¡Qué gracias debes tú rendir a un Señor que tantas veces te ha perdonado y sentado a su Mesa! Lleva las buenas nuevas al Padre celestial; lleguen hasta el Cielo los nuevos cánticos de tu agradecimiento, volviendo una y muchas veces a repetir tu dicha y a frecuentar la mesa del Altar.

MEDITACIÓN XII

Para recibir al Señor con la humildad del publicano.

Punto primero.

Considera cómo se dispone este gran pecador para poder parecer ante el divino acatamiento; previénese de humildad todo lo que le falta de virtud; ahonda en el propio conocimiento para poder llegar a la infinita Alteza; no halla en sí sino culpas, y en Dios, misericordias. ¿Quién soy yo— diría—que me atreva a entrar en la Casa del Señor? ¿Yo tan malo, y Él tan bueno? ¿Yo abominable pecador, y ÉL tan amable Señor? Yo soy un vil gusano, y así, iré arrastrando por el suelo a su Templo; todo lo habrá de poner el Señor de su casa, cuando yo nada tengo y nada puedo; un monstruo he sido en el pecar, más el Señor es un prodigio en el perdonar; confiado, pues, en su bondad lo que confundido de mi malicia, aunque sea un polvo enfadoso, un lodo inmundo, tengo de entrarme hoy por las puertas de su casa. Encuentra al subir con un fariseo, y confúndese más viéndose pecador a vista de aquel que tiene por espejo de su virtud, que de todo saca materia de humillación.

Pondera, oh tú, que has de subir hoy al templo, no sólo a hablar con el Señor, sino a recibirle; no sólo a ponerte en su presencia, sino a ponerle dentro de tu pecho, siendo un tan gran pecador, con qué confusión debes llegar. No subas como fariseo, sino como humilde publicano; no te muevas con el pie de la soberbia, sino ahondando en tu propia bajeza, confesando tu indignidad e invocando la infinita misericordia.

Punto segundo.

Entra en el Templo temeroso el publicano, que ya poco fuera reverente; pero ¿qué mucho, si ve temblar las mismas columnas del Cielo? Quédase lejos por humildad el que se alejó por el pecado; escoge para sí el ínfimo lugar, teniéndose por el mayor pecador; aun al fariseo no se osa acercar, cuando menos a Dios; busca un rincón del Templo el que no osa parecer en el mundo, y aun ese le parece, sobrado favor; no se atreve a mirar al Cielo, porque sabe pecó contra él; hiere el pecho con repetidos golpes, ya para castigarle culpado, ya para despertarle adormecido; llamando está a su corazón y al Cielo, para ablandarlos a entrambos, «Señor—dice—, sed propicio para mí, pecador, así como lo sois para todos.» Que fue decir: Señor, yo soy el pecador, Vos el perdonador; grande es mi miseria, mayor es vuestra misericordia; Señor, gran perdón, según vuestra gran bondad y según la multitud de vuestras conmiseraciones; borrad la multitud de mis pecados.

Contempla, alma mía, ese ejemplar de penitencia. Si este publicano, aun de hablar con Dios desde lejos se juzga indigno, ¿cómo te has de llegar tú a recibirle? Él se queda en un rincón; ¿cómo te atreves tú a acercarte al Altar? Él no osa abrir los ojos para ver a Dios, ¿y tú abres la boca para comulgar? Él hiere su pecho ante el Señor, y tú le metes dentro de tu pecho. Él se aniquila, pecador, y tú, tanto mayor, no te confundes. ¿Qué haces que no das voces diciendo al Señor?: Sed propicio para mí también, aunque soy el mayor de los pecadores. Señor, grande es mi confusión, sea grande vuestro perdón; Señor, en mí está la miseria, pero en Vos la misericordia.

Punto tercero.

¡Oh, poderosa humildad! Contempla cuán agradable es a Dios. No parecía tener cosa buena el publicano, sino la humildad, ni otra mala el fariseo, sino la soberbia, y aquélla agradó tanto al Señor, que le atrajo adonde estaba, y ésta le ofendió de suerte, que de todo punto le ausentó. Echó la altivez al fariseo del más alto lugar, y la humillación realzó al publicano del más bajo: que no es nuevo en la soberbia hacer de ángeles demonios, y así como en la humildad hacer de pecadores, ángeles. Ya mira el Señor al que no le osaba mirar, y aparta sus ojos del que se complace en sí mismo; ocupa la divina gracia aquel pecho que ocupó la confusión, y es admitido de los ángeles el que es desechado del fariseo. Hállase el publicano con su Dios y Señor dentro de sí; por la gracia, ya le hospeda en su corazón; ¡qué contento le adora, qué afectuoso le abraza, qué dichoso le goza!

Alma, llega tú con humildad al Altar, que así quiere el Señor ser recibido: no hay mayor agasajo para tanta alteza que el conocimiento de tu bajeza; asístele con encogimiento y le gozarás con más dicha; aniquílate tú, para engrandecerle a Él; desprecia tu nada, y lograrás el todo.

Punto cuarto.

¡Qué contento bajaría el publicano, como tan bien despachado! Subió lleno de dolor, y baja lleno de consuelo. Poco habló al pedir, mucho, sí, al agradecer. Si antes confesaba sus culpas, pregona ya las misericordias del Señor. Dábale saltos de contento el corazón, que recibió tantos golpes de penitencia, no cabiéndole en el pecho ahora de gozo, ni antes de sentimiento, y es, sin duda, que no volvería por el mismo camino, sino por el de la virtud, a la inmortal corona.

¡Oh, tú, que has comulgado!, da gracias al Señor, como el publicano, y no con el fariseo, de las culpas perdonadas, no de las virtudes presumidas; no blasones merecimientos, agradece, sí, misericordias; vuelve de la sagrada Comunión muy otro y por diferente camino; no sea por el mismo, porque no te vuelvan a emprender tus pasiones, que te aguardan, ni los vicios pasados, que están a la espera; y si el venir fue llorando, el volver sea cantando con el manejo del Pan del Cielo; da gracias, pues recibiste perdones, y ensalza a un Señor que pone sus ojos en los humildes.

MEDITACION XIII

**De la magnificencia con que edificó
Salomón el Templo, y el aparato con que le
dedicó, aplicado a la Comunión.**

Punto primero.

Considera la majestuosa grandeza del Templo de Salomón. No quiso el Señor se lo erigiese el belicoso padre, sino el hijo pacífico y sabio, que es de sabios amar la paz. Siete años tardó en construirle, empleando su sabiduría, que fue la mayor, y su poder, que fue igual; y toda esta magnificencia, riqueza, artificio, ornato y majestad fue para colocar un Arca, que no era más que sombra, una figura, una representación de este divinísimo Sacramento.

Pondera tú hoy que has de colocar en tu pecho, no la sombra, sino la misma luz; no la figura, sino la misma realidad; no el Arca del Testamento, sino al mismo Dios y Señor Sacramentado. ¿Qué templo de devoción debías tú construir? ¿Qué *Sancta Sanctorum* de perfección y santidad, en medio de tu corazón? Si Salomón gastó siete años en edificar el templo material, emplea tú siete horas, siquiera, en preparar tu alma, cuando fuera poco toda una eternidad. Compitan con las piedras finas las virtudes, suceda al oro brillante la encendida caridad, truéquense las maderas olorosas en fragantes oraciones, los aromas en suspiros, y campee, no ya la sutileza, del arte, sino la hermosura de la gracia.

Punto segundo.

Llegó el festivo día, tan venerado como deseado, de la dedicación del Templo. Concurrió todo Israel a hospedar y a cortejar su gran Dios; venían vestidos de gala y revestidos de devoción; ardían las víctimas a la par de los inflamados corazones; como era fiesta común de todos, participaron todos, grandes y pequeños, pobres y ricos, del universal consuelo. Pero entre todos se señaló el religioso príncipe, dando a todos ánimo y ejemplo. Hincó en tierra ambas rodillas y fijó ambos ojos en el cielo, lastrando con humildad el vuelo de su oración; y fue tan eficaz, que atrajo al Señor con sus plegarias. Llenóse el Templo de una obscura niebla, decente velo a la inaccesible Majestad increada. Sintiéronse todos bañados de consuelo, y reconocieron presente la gloria de su Dios y Señor.

Alma, ¿qué festivo aparato previenes tú el día que comulgas? Advierte que se consagra en templo tu pecho, y en morada del mismo Dios. Acudan todas tus potencias a la gran solemnidad; sea tu corazón el *Sancta Sanctorum* animado donde estén aleando el entendimiento, querubín admirado, y la voluntad, serafín encendido. Jubile tu interior a su santo Nombre y cante la lengua sus alabanzas; alerta, que desciende el Señor, cubierto de la niebla de los accidentes, a lo íntimo de tus entrañas.

Punto tercero.

Entre gozoso y atónito, el sabio Rey exclamó con aquellas memorables palabras, dignas de ser repetidas de todos los que Comulgan: «¿Qué, es posible — dice — que esté en la tierra el Señor? Aun el imaginarlo espanta. ¿Dios en el suelo, cuando no cabe en el Cielo? El Cielo es corto, ¿qué será está casa?»

¡Oh!, con cuánta mayor razón podrías tú dar voces el día de hoy, que has hospedado al gran Dios de Israel en tu mismo pecho, y decir: ¿Qué, es posible que mi gran Dios se digne de venir a mí, y que el Inmenso quepa en mi pecho? Veré, de verdad, que le encierre yo en mis entrañas. *¡Super terram!* ¿Dios, y en la tierra? ¿Dios, y en un corazón tan terreno como el mío, amasado de lodo? Saca una humilde confusión, un religioso pasmo y un reconocido agradecimiento.

Punto cuarto.

Cuando parecía haberse desempeñado el sabio Rey con tan relevantes obsequios, se reconoció más obligado con tan especiales favores del Señor, que en competencias de dar, siempre salió vencedor. Vio logrado Salomón su trabajo, pues tan honrado con la especial asistencia de Dios, era sabio, y así sería reconocido; tantas voces como tantas veces resonaron en adelante en aquel Templo, fueron otros tantos agradecimientos. No se hablaba de otro en toda la Idumea[10], ni aun en toda la redondez del

---

[10] Antigua región de Palestina, al S de Judea, que ocuparon los edomitas. N. del E.

Universo, siendo tan ensalzado cuan conocido el nombre del gran Dios de Israel.

Pondera tú, que hoy has recibido tantos favores del Señor, y al mismo Señor de los favores, cuán empeñado quedas en celebrarle y servirle; sé agradecido, si eres sabio; resuenen los ecos de tu corazón en las alabanzas de tu lengua; no se te oiga hablar sino de Dios el día que le consagraste el templo de tu pecho, y, sobre todo, guarda de profanarle, ni con pensamientos, ni con palabras, ni con obras: sea un *Sancta Sanctorum* de perfecciones, donde arda siempre el fuego del amor.

MEDITACIÓN XIV

De la fuente de aguas vivas que abrió el Señor en el corazón de la Samaritana, aplicada a la Sagrada Comunión.

Punto primero.

¡Oh, mi buen Jesús, Dios mío y Señor mío, y qué sediento camináis en busca de una mujer tan satisfecha de sus delitos! Vil, sí; desdichada, no; pues topa con el manantial de las dichas. ¡Oh, cómo se os conoce, Señor, lo que estimáis las almas, y que por una sola hubierais hecho lo que por todas! ¿Qué mucho vengáis a buscarla desde lejos, si descendisteis ya del sumo Cielo? No me admiro de veros sudar hilo a hilo, pues algún día sudaréis sangre y correrán arroyos de ella de vuestras llagas; ¡pero qué olvidada llega la Samaritana de Vos, y cuán en la memoria la tenéis, y aun en el corazón! Ignorante ella de los eternos bienes, hidrópica de sus gustos perecederos, solicita los aljibes rotos y deja la fuente de aguas vivas: ¡qué poco pensaba hallar la verdadera dicha, que no piensa sino en hallarla a ella! Venía en busca de agua, símbolo de los fugitivos contentos, y halló la vena perdurable de la gracia.

¡Oh, alma mía! Y cómo te sucede hoy lo mismo. Tú andas perdida en busca de los deleznables[11] contentos, y el Señor te está esperando, si no en la fuente de Jacob, en la del Altar, verdadero y perenne manantial de su sangre y de su gracia. Ea, llégate sedienta a aquellas cinco fuentes de tu salud, déjate hallar de quien te busca; logra la ocasión, y apagarás la sed de tus deseos. Saca un verdadero conocimiento de su misericordia y tu miseria, de tu olvido y su cuidado.

Punto segundo.

Comienza a disponerla Cristo para hacerla capaz de sus infinitas misericordias: entra pidiendo para dar, y pídela una gota de agua el que ha de verter toda su sangre por ella; empéñase en pedir poco, para dar mucho. ¡Oh, qué sed tiene de dar! ¡Qué deseo de comunicar sus celestiales dones!

«Con deseo he deseado»—dice el mismo Señor, hambriento de nuestra hartura; agua pide, mas es de lágrimas que limpien el alma, que blanqueen la conciencia donde se ha de hospedar; sed tiene de que apaguemos la nuestra.

Advierte, alma, que el mismo Señor, real y verdaderamente en este divinísimo Sacramento, te está diciendo a ti: «Alma, dame de beber, lágrimas te pido, compadécete de mi sed que me duró toda la vida; no me des la hiel de tu ingratitud, ni el vinagre de tu tibieza; venga una lágrima siquiera derramada por tantas culpas; ábranse esas fuentes de tus ojos cuando en diluvios se te

---

[11] Algo de escaso valor y que no es digno de aprecio o admiración. N. del E.

comunican las de mi Sangre.» Bríndale a tu Redentor con lágrimas de amargura para que Él te anegue a ti en abismos de dulzura. Saca un gran desprecio de los mundanos deleites, y una gran sed de los divinos contentos, para gozar eternamente de esta perenne fuente de la gracia.

Punto tercero.

Niega la vil criatura, no menos que a su Criador, una gota de agua que le pide; ¡ay, tal ingratitud! Pero está tan lejos el Señor de desampararla, que antes toma de aquí ocasión para favorecerla; juzga la Samaritana, que tiene bastante fundamento para negarle un poco de agua, así como todos los que se excusan de servirle. Replica Jesús, olvidado de sus deservicios, instando en nuestros bienes: «¡Oh, mujer, si conociéras el don de Dios, y para ti, y en esta sazón! ¡Si supieses con quién hablas! Conmigo, fuente perenne de todos los bienes, mina de los tesoros, manantial de los verdaderos consuelos; ¡cómo tú me pedirías a mí, y yo a ti te franquearía, no una gota de agua, sino una fuente entera de dichas y de misericordias que da saltos hacia el Cielo y llega hasta la vida eterna!.

Oye, hija; inclina, alma, tu oreja, que el mismo Señor, desde el Altar, te dice a ti lo mismo. ¡Oh, si supieses o si conocieses este don de dones, esta merced de mercedes que hoy recibes cuando comulgas! Si supieses quién es este gran Señor que encierras en tu pecho, tu único bien, todo tu remedio, tu consuelo, tu felicidad, tu vida y tu centro, el que sólo puede llenar tu corazón y satisfacer tus deseos, ¡cómo que le pedirías este Pan de vida, cómo frecuentarías con más fervor la fuente de las gracias, la mesa del Altar. Aviva tu fe, alienta tu amor y échate de pechos, sedienta, en esta copiosa fuente de su Sangre; bebe, hidrópica, de sus llagas, y llénate, alma de Dios.

Punto cuarto.

En habiendo conocido la Samaritana a su Criador y Redentor, ¡qué gozosa parte, hecha, de pecadora, predicadora!; no vuelve las espaldas a la fuente ingrata, sino que parte para volver otra y muchas veces agradecida; va a comunicar su bien comunicado, a pagar en alabanzas sus misericordias, a congratularse de su dicha. Entra por su pueblo pregonando a voces el hallado Mesías; no le cabe el contento en el pecho, y así, rebosa en los prójimos primicias de su caridad; convoca, no ya siete solos para la ofensa, sino todos para el obsequio.

Pondera, alma, cuánto más agradecida te debes tú mostrar a este Señor, que, no ya una fuente de agua, sino todas las cinco de su preciosa Sangre te ha franqueado hoy, quedando tú bañada en el abismo de sus misericordias; sele reconocida, y serás agradecida; hazte pregonera de sus dones, comunicando a todos y con todos esta dicha, que por esto se llama Comunión.

MEDITACIÓN XV

Para comulgar con la reverencia de los serafines del trono de Dios.

Punto primero.

C ontempla aquella inmensa Majestad del infinito y eterno Dios, que si no cabe en los Cielos de los Cielos, cuánto menos en la tierra de la tierra; atiéndele rodeado de las aladas jerarquías, asistido de los cortesanos espíritus, amándole unos, contemplándole otros, y todos alabándole y engrandeciéndole. Aquí sí pudiera desfallecer tu alma con más razón que la otra reina del Austro en el palacio del Salomón terreno; vuelve luego los ojos de la fe a este divinísimo Sacramento, y repara que el mismo Señor, real y verdaderamente, que allí ocupa aquel majestuoso trono de su infinita grandeza, aquí se cifra en esta Hostia con amorosa llaneza, allí inmenso, aquí abreviado; allí conciliándole reverencia su Majestad, aquí solicitándole finezas su Amor.

Considera si hubieras de llegar por medio de los coros angélicos, rompiendo por las aladas jerarquías, haciéndote calle a un lado y otro los querubines y serafines, ¿con qué temor procedieras, con qué encogimiento llegaras? Pues advierte que al mismo Dios y Señor vas a recibir hoy, por medio de las invisibles jerarquías. Repara con qué preparación vienes, con qué alas de virtudes te acercas, y sea émula tu preparación de los querubines en el conocer y de los serafines en el amar.

Punto segundo.

Estaban los abrasados espíritus tan cercanos a la infinita Grandeza, que la asistían en el mismo trono, aunque aleando siempre por acercarse más: que quien más conoce a Dios, más le desea; abrasándose están en el divino Amor, y por eso los más allegados: que el amor no sólo permite; pero une; mucho aman y mucho más desean.

Pondera aquí, ¡oh, alma mía!, tu tibieza; carea con aquel fuego tu frialdad, y di cómo te atreves llegar a un Dios que es fuego consumidor, tan poco fervorosa. Alcen tus potencias el entendimiento por conocerle, tu voluntad por amarle, y después de mucho, más y más; que lo que no consiguen los espíritus alados con su grandeza, consigues tú con tu vileza, pues no sólo se te permite asistir al Señor batiendo las alas, sino tocándole con los labios, paladeándole en tu boca, hasta meterle dentro de tu pecho. Si a los serafines se les concede asistir en el trono de Dios, a ti que el mismo Dios asista dentro de tus entrañas; poco te queda que envidiarles: el conocimiento, no la dicha; la estimación, que no el favor.

Punto tercero.

Velaban sus rostros los amantes espíritus, corridos de no amar a su Dios y Señor tanto como debían, tanto como quisieran, de que no llegase su posibilidad donde su afecto; hacían rebozo con las alas a su empacho, si ya no era velo a su reverencia; asisten avergonzados de su cortedad cuanto confundidos de tan inmediata asistencia; cubren también los pies, acusándolos de tardos en cortejo de sus alas, y en ellos sus detenidos afectos.

¡Oh, alma perezosa! Pondera que si los serafines se recatan indignos de parecer ante la inmensa grandeza de Dios y la recelan cara a cara, tú, tan llena de imperfecciones, ya que no de culpas, tan helada en su divino amor, tan tibia en su divino servicio, ¿cómo no te confundes hoy de llegar a recibirle, sirviéndole de trono tu corazón? Los serafines acusan sus pies, hechos a pisar estrellas, y tú, con pies llenos del cieno del mundo, cubiertos del polvo de tu nada, ¿cómo osas acercarte? Avergüénzate de tu vileza, y sola la benignidad de este Señor Sacramentado baste a alentar tu indignidad; suple con humillaciones lo que te falta de posibilidades para poder lograr tan grandes favores.

Punto cuarto.

Reconociendo los serafines su dicha, no cesaban de alabar la divina grandeza; noche y día repetían el *Santo, Santo*, que es el blasón divino; a coros le entonaban, provocándose unos a otros a los aplausos eternos; libraban en proseguidos cánticos, debidos agradecimientos, y eternizaban en continuas voces los favores del Señor.

Aprende, ¡oh, alma mía!, de tan grandes maestros del amar el saber agradecer; sean émulos de sus incendios tus fervores; corresponda a su asistencia tu atención; y si tu incapacidad te detuviere, tu dicha te adelante; compitan a finezas de amor, extremos de humildad; a la alteza de su vuelo, el retiro de tu bajeza, recambiando en gracias los favores, y las misericordias infinitas en alabanzas eternas, por todos los siglos de los siglos. Amén.

MEDITACIÓN XVI

Para comulgar como en convite descubierto.

Punto primero.

C onsidera el que está convidado a la mesa de un gran príncipe cómo se previene de modo que pueda lograr la ocasión; no se sacia primero de viles y groseros manjares el que los espera exquisitos y preciosos; consérvase ayuno, dando filos al apetito, y hace algún ejercicio para hacer ganas; llega con saliva virgen, guardando el hambre, y aun llamándola para su sazón, como a deseo, y éntrale en provecho.

¡Oh, tú, que estás hoy convidado al mayor banquete del mayor Monarca! Pondera cómo aquí todo deja de ser grande y pasa a infinito: el Señor que convida y el convite; sólo el convidado es un gusano; y para ti se prepara toda la infinidad de Dios en comida, toda la grandeza del Cielo en regalo: que si el Pan es de los ángeles, la vianda es el mismo Señor. Llega con el interior vacío de todo a recibir un Dios que todo lo llena; no te sientes ahito[12] de las cebollas del mundo a comer el Pan del Cielo, que, en vez

---

[12] Que está lleno o saciado, especialmente de comida. N. del E.

de darte vida, te causará la muerte; ven ajeno de toda culpa al convite que tiene, por renombre Buena Gracia. No comas este Manjar con frialdad, que es sobresubstancial, y no te entraría en provecho; sazonado, sí, al fuego de una fervorosa oración, y advierte que la devoción es el azúcar de este sabroso manjar blanco.

Punto segundo.

Acostúmbrase en los convites ir descubriendo los platos, para que los convidados vayan eligiendo conforme a su gusto y comiendo al sabor de su paladar; pero cuando es un suntuoso banquete, en que se sirven muchas y exquisitas viandas, dásele a cada uno de los convidados una memoria de todos, para que sepan lo que han de comer y guarden el apetito para el plato que llaman suyo, del que gustan más, para que vayan repartiendo las ganas y se logre todo con sazón.

¡Oh, tú, que te sientas hoy al infinito, regalado banquete que celebra el poder del Padre, que traza la sabiduría del Hijo, que sazona el fuego del Espíritu Santo! Advierte que están cubiertos los preciosos manjares entre accidentes de pan; llegue tu fe y váyalos descubriendo, y tú registrando, para que, sabiendo lo que has de comer, lo sepas mejor lograr. Un memorial se te dará de las milagrosas viandas: *Memoriam fecit mirabilium suorum*. Léelo con atención, y hallarás que dice: Aquí se sirve un Cordero de leche virginal, sazonado al fuego de su amor. ¡Oh, qué regalado plato! Aquí un Corazón enamorado de las almas. ¡Oh, qué comida tan gustosa! Una lengua que aunque de sí mana leche y miel, pero fue aheleada con hiel y con vinagre. Mira que la comas de buen gusto, pues unas manos y unos pies traspasados con clavos no son de dejar.

Ve de esta suerte ponderando lo que comes y repitiendo la devoción.

Punto tercero.

De gustos, ni hay admiración, ni disputa; unos apetecen un plato, y otros, otro; cuál apetece lo dulce de la niñez de Jesús, y cuál lo amargo de su Pasión; éste busca lo picante de sus desprecios, aquel lo salado de sus finezas; cada uno según su espíritu, y aquello le parece lo mejor; y de la manera que los que comen el manjar material se van deteniendo en aquello que van gustando—« no vamos aprisa, dicen, rumiemos a espacio, masquemos bien y nos entrará en provecho»—; así acontece con este banquete sacramental: unos se van con el amado discípulo al pecho de su Maestro, y como águilas se ceban en el amoroso corazón; otros, con la Magdalena, buscan los pies, donde hallan el pasto de su humildad; cuál, con el dulcísimo Bernardo, al costado abierto, y cuál, con Santa Catalina, a la cabeza espinada; ni falta quien le hurta a Judas el carrillo indignamente empleado, y que no le entró en provecho porque llegó ahito de maldad.

Llega tú al banquete, ¡oh, alma mía!, y cébate en lo que más gustares, aunque todo es bueno y todo bien sazonado; así tú le comieses con bien dispuesto paladar; come como ángel el Pan de los ángeles; come como persona, considerando, y no como bruto, no agradeciendo; mira que donde está el Cuerpo del Señor allí se congregan las águilas reales.

Punto cuarto.

Quedan sobre mesa los gustosos convidados conversando con el señor del convite, celebrándose los manjares: que no es la mejor paga el agradecimiento; éste alaba un plato, y aquél, otro; cada uno según el gusto que percibió; ponderan la abundancia, alaban la sazón, admiran el regalo, agradeciendo éste, y obligando al señor del convite para otro.

Alma: mucho tienes tú aquí que celebrar; alaba a Dios, pues comiste a Dios; ríndele eternas gracias por un manjar infinito; quédate en oración, que esto es quedar conversando con el señor del convite sobre mesa; muestra el buen gusto que tuviste en comerle, en saber celebrarle. Has de llegar cada vez a esta mesa con una de estas consideraciones: hoy me como el sabroso corazón del Corderito de Dios; otro día, sus pies y manos llagadas; que, aunque lo comas todo, pero hoy con especial apetito aquella cabeza espinada, y mañana aquel costado abierto, aquella lengua aheleada: que cada plato de estos merece todo un día y aun toda una eternidad.

MEDITACION XVII

Para recibir al Señor con el deseo y gozo del santo viejo Simeón.

Punto primero.

Represéntate como si vieras aquel agradable espectáculo del Templo; mira con qué gracia entra en él la Fénix de la pureza y trae dos palomillas sin hiel; sale a recibirla un cisne, que, a par de las corrientes de sus dos ojos, canta dulcemente su muerte; ni falta una viuda tortolilla que ya no gime su soledad, sino que profetiza su consuelo; todas estas aves, unas cantan, otras arrullan al salir el alado Sol divino, que trae la salud en sus plumas, llenando de luz y de alegría todo el Universo. Considera cómo se preparó el santo Simeón para recibir al Señor en sus brazos este día; no se dice que era anciano, sino justo, temeroso del Señor: que en su santo servicio, no se cuenta por años, sino por méritos; con razón temeroso, que a quien ha de recibir ha de temerle; no tiemblan sus brazos tanto de vejez cuanto de recato, regidos de su delicada conciencia. ¡Oh, gran disposición! Hospedar antes en su alma al divino Espíritu para recibir después en sus brazos al encarnado Verbo; oyó las respuestas de la una Persona divina, para lograr los favores de la otra.

Pondera tú, alma, que has de recibir hoy al mismo Niño Dios, no fajado entre pañales, cubierto, sí, de accidentes, cómo te has de preparar toda la vida. Si el santo Simeón, para llegársele, cuando mucho, a su regazo, así se ejercitaba en virtudes tantos años, ¿cómo tú ni aun oras para meterle dentro de tu pecho?; ¿él para sólo un día se preparaba tantos, y tú para recibirle tantos no te preparas un día?

Punto segundo.

Iba marchitándose su vida y reverdeciendo su esperanza; cumplióle el Cielo su palabra mejor que el mundo las suyas; llegó al Templo al punto que rayaba la aurora, y abriendo los ojos, cansados de llorar, reconoció al Sol divino entre los arreboles de su humanidad. No se contentaría con mirarle una vez quien le había deseado tantas; miraba aquella tierna humanidad, y admiraba la divinidad; veía un niño chiquito, y adoraba un Dios infinito: veneraba un Infante de pocos días, el Príncipe de las eternidades.

Conoce, alma, que al mismo Niño Dios vas tú hoy a buscar al templo; mira si te guía el divino Espíritu o si te lleva la costumbre; abre bien los ojos de la fe y verás un encuentro de maravillas; en una pequeña Hostia, un Dios inmenso cubierto de accidentes, una substancia infinita; recibirás en un bocado todo el Cielo, y, hecho pan cotidiano, al Dios Eterno.

Punto tercero.

No se contenta ya con verle el santo viejo; va adelantando con el favor la licencia; trueca el temor en finezas; alea el blanco cisne con santa candidez, por acercársele más; contentábase antes con verle; ya pasa a abrazarle; pide a la Virgen se le permita un rato quien desea toda una eternidad; concédeselo, liberal, la que ruega con Dios a todos. Tomóle entre sus brazos, que fue abarcar todo el Cielo: conque no se celebre ya el enigma de ver dos varas de Cielo, sí el ver hoy todo el Cielo en dos varas: *accepit eum in ulnas suas*. Transformóse, al punto, de cisne en serafín, alternando lágrimas con incendios; ¡qué abrazos le daría!; ¡qué ternuras le diría!; y pareciéndole no tenía más que ver, trata de cerrar los ojos; no teniendo más que desear, pide licencia de morir, pues el dejarlo de sus brazos ha de ser dejar la vida.

Alma, reconoce aquí tu dicha y sábela lograr; el mismo Cristo del Señor tienes contigo, no sólo entre tus brazos, sino dentro de tus entrañas; no apretado al seno, sino dentro de tu pecho; no sólo se te permite adorarle y besarle, como a Simeón, sino comerle y tragarle y sustentarte con Él; esta es tu dicha; aquel debe ser tu consuelo; este es el favor de tu Dios; veamos cuál es tu amor. ¿Qué puedes ya desear en esta vida, habiendo llegado a comulgar? Pide el morir al mundo y vivir a Dios; no a la carne, sino al espíritu, y sea de hoy más tu conversación en el Cielo.

Punto cuarto.

Vióse el santo Simeón muy agradecido con el favor divino, pero con poca vida para el agradecimiento, y faltándole las fuerzas para rendir las debidas gracias, escoge rendir la vida. No pudo contenerse que no pregonase las divinas misericordias, y cantólas dulcemente como divino cisne, despidiéndose de todo lo que no es Cielo, de todo lo que no es Dios; y no quedándose con Él contento a solas, propónele a todos los pueblos, comunícale a todas las gentes por lumbre de los ojos todos y gloria del pueblo de Israel.

Imítale tú, que hoy has comulgado, en lo agradecido, ya que le excedes en lo dichoso: que él sólo llegó a tener una vez al Niño Dios en sus brazos, y tú tantas veces en tu pecho; no estimas si no agradeces; no sientes si no exclamas prorrumpiendo en nuevos cánticos, émulos de este dulcísimo cantor, que al cerrar sus ojos a todos los bienes terrenos, abre sus labios a las divinas glorias, cierra el corazón al mundo, y ábrele de par en par a sólo Dios, confesándole con todo él en el concilio de los justos, en la congregación de los buenos.

MEDITACIÓN XVIII

Para recibir al Señor en las tres salas del alma.

Punto primero.

Reconoce la majestuosa grandeza del inmenso Huésped que hoy esperas, y sabrás cómo le has de recibir y de qué suerte le debes cortejar; sea en emulación de aquellas tres ricas salas del otro celebrado monarca, que dicen se van excediendo, al paso que en el número, en la preciosidad, siéndola primera de acendrada plata, la segunda de refulgente oro, y la tercera de brillantes piedras preciosas; mas con ser tan relevantes los quilates de su materia, los dejan muy atrás los primores de su artificio; y porque se compitan el saber con el poder, según la calidad de los huéspedes, así son recibidos en diferentes salas: los nobles, en la de plata; los grandes, en la de oro; y los príncipes, en la de piedras preciosas.

Pondera tú ahora, alma mía, en cuál de estas salas has de recibir a un Señor para quien son poco las alas de los querubines, corto el trono de los serafines y estrecho el Cielo de los Cielos. ¿Por ventura, en un entendimiento ilustrado, en una voluntad inflamada, en una memoria agradecida? Poco es esto. ¿En un pecho fervoroso, en unas entrañas enternecidas, en un corazón enamorado? Todo es nada ¿En un grado de perfección mucho mayor que el otro, subiendo de virtud en virtud? Todo no basta. Pues, ¿qué harás? Revístete, como dice el Apóstol, del mismo Señor, transfórmate en Él, y sea la una Comunión aparejo para la otra.

Punto segundo.

Comulgan algunos fieles recibiendo al Señor en la primera sala, en la de plata, pero no pasan de allí; conténtase con estar en gracia, no aspiran a mayor perfección. Mucho es de estimar esta limpieza de conciencia, esta pureza de alma: que un corazón contrito y amartillado a golpes de penitencia, nunca fue despreciable al Señor.

Procura tú, ¡oh, alma mía!, en primer lugar, esta blancura de la gracia, esta pureza de la justificación; lava las manchas de las culpas con el agua fuerte de las lágrimas no quede borrón alguno que pueda ofender los ojos purísimos de un Huésped que tiene por renombre: el Santo. Pero tú, alma, no te contentes con esta anchura, más de conciencia que de espíritu; más cortejo es menester, así de devoción como de perfección.

Punto tercero.

Más atentas y más puras otras almas, se disponen para recibir este gran Rey Sacramentado en la sala de oro de una encendida caridad. Sea fragua el corazón para un Dios que viene a pegar fuego; y, pues lo es consumidor, consuma imperfecciones y abrase corazones. Esté el alma que comulga hecha un Cielo, y, en competencia del mismo infierno, diga: Más y más arder, más y más amar. Sea fuerte como la muerte la dilección, y la emulación del amor, dura como el infierno: más y más gozar, más y más arder.

Pondera si has recibido hoy este inmenso Huesped en esta sala de oro del amor perfecto; derrítase ya lo helado de tu corazón a vista de este amoroso fuego; conviértanse en ascuas de oro tus tibiezas; inflámese la voluntad, arda el afecto y resplandezca una intensa afición a Jesús Sacramentado.

Punto cuarto.

Aún no basta esto; más adelante ha de llegar un alma a hospedar al Señor en la sala de las piedras preciosas, y, si es posible, de estrellas, esmaltando el oro de la caridad con todas las demás virtudes. Reciben al Señor algunas almas entre resplandecientes diamantes de fortaleza, con propósito eficaz de antes morir que cometer la menor imperfección advertidamente; entre esmeraldas de esperanza y paciencia, no sólo sufriendo las adversidades con resignación, pero con gozo y consuelo; entre topacios de mortificación en todas las cosas y en todo tiempo; entre perlas netas de angélica pureza, entre resplandecientes carbunclos de la mayor gloria de Dios, entre encendidos rubíes de hacer siempre lo más perfecto, entre lucientes piropos hechos llama a fuer[13] de serafines, nunca cesando de aspirar a más amor, a más conocimiento.

---

[13] A ley de, en razón de, en virtud de, a manera de. N. del E.

¡Oh, si tú le recibieses, alma mía, en esta sala y con esta perfección, colmada de virtudes, rebutida de finezas, toda endiosada, y transformada en el Señor! Amén.

MEDITACIÓN XIX

Del convite de los cinco panes, aplicado a la Sagrada Comunión.

Punto primero.

Meditarás cómo siguen al Señor, no sólo los hombres robustos, sino las mujeres delicadas y los niños tiernos, que de todos es el servir a Dios y el reinar con Él; gustan tanto de oír su celestial doctrina, que no se acuerdan de la material comida; preceden tres días de ayuno para que logren con más gusto el milagroso manjar, sea el hambre su sazón y entre en estómagos puros, desembarazados de las terrenas viandas. En un desierto les para la mesa el Señor, no en bullicio de las plazas.

Advierte, alma, que si toda esta preparación fue menester para aquel milagroso pan, ¿cuál será bastante para haber de llegar a comer el Pan que bajó del Cielo, el Pan sobresubstancial? Preceda la abstinencia de los viles mundanos manjares, para llegar con el paladar virgen, con el estómago desembarazado. Abra el apetito el ejercicio de las virtudes, la fatiga de la mortificación; haya mucho retiro de los hombres para gustar del Pan de los ángeles: trate con Dios quien ha de comer a Dios. Toda esta preparación debes traer para lograr el divino Pan con gran gozo de tu espíritu, con provecho de tu alma.

Punto segundo.

Cuida el Señor de los que de sí descuidan, prueba su fe y corona su confianza; después de haberles dado, en primer lugar, el sustento del alma en doctrina, acude al del cuerpo en comida, que el que así provee a los más viles gusanillos de la tierra, no olvidará a los hijos de sus entrañas. Consulta con los Apóstoles, ministros de la mesa, dispensadores de su gracia. Hallóse un niño que traía cinco panes y dos pescados; ¡niño había de ser!, porque es tan novicia la tentación de la gula, cuan veterana la de la vanidad; sería prevención de algún discípulo para el celestial Maestro, que no admite otro regalo sino un pan de cebada el que con tanta largueza provee a todas sus criaturas.

Pondera, ¡oh, alma!, que no te cuesta a ti tanto como a éstos el Maná celestial; no el salir a los desiertos, no el cansarse y sudar, que en todas partes lo tienes. Mas si este Pan se hubiera de comprar, díganos San Felipe lo que costaría; pero no se compra a precio de ducados, sino de afectos y deseos; de balde se da. Conoce y estima tu dicha, pues te regala el Señor, no con sólo pan, sino con su mismo Cuerpo y Sangre, que son las delicias de los reyes.

Punto tercero.

Estaba el Señor en medio de aquellas campañas, coronado de la infinita multitud de gentes, hecho centro de su confianza y blanco de su mira. Manda a sus Apóstoles les hagan sentar, para que coman con concierto y con sosiego, y que sea sobre el heno, no tanto para la comodidad, cuanto para el desengaño de la fragilidad humana. Toma un pan en sus manos y fija los ojos en el cielo, enseñándonos a reconocer todo nuestro bien de allá; échale su bendición, pártele, y vase multiplicando en millares; parecían sus dos manos dos perennes manantiales de pan, que no se daban manos los Apóstoles a repartir tantos como de ellas salían. El pan era milagroso, sería sazonado; aquellos convidados hambrientos, ¡con qué gusto le comerían, tan admirados del prodigio, cuan gustosos del regalo!

Imagínate, ¡oh, convidado del mismo Señor!, en medio de las campañas de la Iglesia, y que entre la infinita muchedumbre de los fieles, llegas a participar del milagroso Pan; pondera cuánto más delicioso y más sabroso es el que tú comes, que si aquello fue por salir de las manos de Cristo, en éste están contenidas sus milagrosas manos. Comían ellos el pan del Señor, tú te comes el Señor del pan; comían el pan de aquellas manos, y tú te comes las manos de aquel pan. Cómele con gana, pues se te da con fineza; recíbele con frecuencia, pues se comunica con abundancia; y si un bocado de aquel pan milagroso lo comieras con indecible gusto, logra éste, tanto más sabroso, cuanto sabe todo a Dios.

Panto cuarto.

Quedaron tan agradecidos los buenos satisfechos convidados, que trataron de levantar a Cristo por su rey; que a obras tan de príncipe corresponden agradecimientos muy vasallos. Experimentáronle ya médico; ahora le reconocen padre con la casa llena de pan; parecióles que era nacido para su príncipe, y no se engañan, que no se hallará otro ni de más largas manos, ni de corazón más grande.

Alma, ¿qué agradecimiento muestras tú a un Señor que así te ha proveído de comida, no para un día sólo, sino para toda tu vida? ¿Qué de veces le has experimentado Médico? ¿Qué de veces le has hallado Padre? Júrale hoy por tu Rey y tu Señor; ofrécele eterno vasallaje; renuncia las tiranías de Satanás; muera el pecado y viva la gracia, rindiéndolas a la infinita Majestad por todos los siglos. Amén.

MEDITACIÓN XX

Del panal de Sansón, aplicado al Sacramento.

Punto primero.

Atiende cómo precedió el desquijarar primero un león, para hallarle en su boca después el sabroso panal: que es menester vencer las dificultades antes para lograr después el fruto de las victorias; convirtióse lo áspero de la mortificación en lo suave del premio, que así acontece cada día en el ejercicio de las virtudes: truécase la impaciencia en sosiego, el llanto en risa, la aflicción en consuelo, el ayuno en salud del cuerpo y alma, y todas las demás virtudes, que parecían leones, llegadas a gustarse, fueron sabrosos panales. Pero ¡qué bien se dispuso Sansón para conseguir el premio! ¡Qué animoso para la pelea! ¡Qué callado en la hazaña! ¡Qué liberal del bien hallado! Merece, con razón, lograr dulzuras.

Entiende, alma, que si has de gozar hoy de aquel divino panal, tanto más sabroso cuanto más prodigioso Pan de los ángeles y panal que las abejas del Cielo han sazonado, guardado en la cera virgen, escogido entre millares, entresacado de las flores de las virtudes, debes primero disponerte para pelear, no menos que con leones; que has de desquijarar el vicio rey, el que en ti prevalece, el que tantas veces te ha ultrajado.

Punto segundo.

Saltéale la coronada fiera en el camino donde suelen temer los cobardes y volver atrás en lo comenzado; pero, animoso el nazareno, como tan mortificado, acostumbrado ya a vencer dificultades, apechuga con él, que importa mucho la valiente resolución de coger por las gargantas al león y por las gañas al pez; desquijarále en castigo de su intento, que tiraba a tragarle.

Advierte, ¡oh, tú!, que tratas de seguir el camino de la virtud, de frecuentar la Sagrada Comunión, que se te han de ofrecer espantosas dificultades. Intentará tragarte el león infernal por la culpa antes que llegues tú a comer aquel Panal, lleno de la dulce miel de la Divinidad; y ya que no te pueda impedir tu buen intento, te procurará distraer para quitarte la dulzura de la devoción, para resfriar el fervoroso apetito. Serás más tentado el día de la Comunión; procura no ser vencido, y con valiente resolución trata de atropellar todas las dificultades.

Punto tercero.

Repite Sansón aquel camino y va en busca del león para renovar el gozo de su victoria. Solicitaba lo fuerte, y halló lo dulce; creyó hallar con un león, y encontró con un panal de miel: aquí, gozoso, depuesto lo admirado, no lo extraña con horror, ni hace desprecio con reparo; antes bien, sacándolo de las mismas gargantas de la fiera, lo traslada a su paladar; percibió luego la dulzura y comenzó a saborearse con él, gozando del fruto de su trabajo;

convidó a su madre y a los que le acompañaban, no tanto por hacer alarde de su valor, cuanto por comunicar el bien hallado.

Llega hoy, alma mía, al bravo león de la dificultad, vencida en la virtud de la tentación desquijarada; y si más misteriosamente lo consideras, acércate al muerto león de Judá y sácale el Panal dulcísimo Sacramentado de su boca aheleada, de su pecho rasgado; gusta cuán suave es el Señor; cómele con devoción, y percibirás su dulzura; saboréate con él: gozarás de la leche y de la miel que manan bajo la lengua del divino Esposo.

Punto cuarto.

Quedó tan ufano el valiente nazareno de su dicha, tan gustoso del prodigioso panal, que hizo blasón de su dulzura, y para más celebrarle, le propuso en misterioso enigma. Ofreció premios a los entendidos, como a comida de entendimiento.

Sea ya tu timbre y tu blasón, ¡oh, alma dichosa!, este Panal Sacramentado; celébrale por tu mayor gloria; da gracias al Señor en alabanzas; sea tu agradecimiento señal de que te quedas saboreando en él, y conózcase cuán meliflua[14] queda tu lengua, en lo suave de sus cánticos; cante las glorias del Señor, boca que fue tan endulzada con su Cuerpo y con su Sangre; suban al Cielo los aplausos de un Pan que bajó de allá.

---

[14] Excesivamente dulce, suave o delicado. N. del E.

MEDITACIÓN XXI

Del convite de Simón Leproso y penitencia de la Magdalena, aplicados a la Sagrada Comunión.

Punto primero.

Contempla cuán a lo galante hoy el Señor acepta el convite de un leproso por sanar a una bizarra pecadora. No va atraído de los sabrosos manjares, sediento, sí, de sus amargas lágrimas; Él es el convidado, Magdalena su convidada. Luego que conoció al Señor, se conoció a sí misma, su grandeza y su bajeza, su amor y su frialdad; careó la bondad divina con su ingratitud humana, y ella, que gustaba de ser querida, en conociendo al infinito Amor, se le rinde. Informóse dónde estaba aquel divino imán de sus hierros; no repara en el qué dirán los hombres, sólo no diga Dios; despójase de sus profanas galas para vestirse de la librea del Cielo, que es la estola inmortal; de esta suerte, herida del amor y llagada de dolor, vuela en busca de su amante amado y abate sus altaneras plumas a las divinas plantas.

Pondera cuán bien se supo disponer esta discípula novicia, qué preparación tan propia para convidarse, no a las delicias del banquete, sino a los suspiros de su corazón.

Considérate, alma, cubierta de culpas, despojada de la gracia; aprende cómo te has de disponer para entrarte por el convite, no ya del leproso Simón, sino del agradable Jesús Sacramentado. Saca una resolución gallarda, renunciando al mundo y a sus pompas, y, en traje de penitencia, llega a echarte a los pies de aquel Señor que tan misericordioso te espera en el convite.

Punto segundo.

Comiendo estaba Cristo, cuando llegó hambrienta de Él la pecadora; llegó la sediente sierva, fatigada del veneno de sus culpas, a brindar al Señor con sus lágrimas; éntrase sin llamar, pero llamada a impulsos de la gracia, y aunque cualquiera ocasión es buena para acercarse a Dios, parecióle más cómoda la de un convite para conseguir entre sazones mercedes. No se atreve a llegar cara a cara, que siente muy ofendida la divina, y la suya tan corrida cuan culpada: llega, pues, por las espaldas que habían arado sus culpas, y cae rendida del amor la bella altanera garza a los pies del cazador divino.

Alma, pues a ti te sobran culpas, no te falten arrepentimientos; sigue a la Magdalena en el llanto, pues la excediste en la ofensa; entremétete en el convite del Altar, harto más abundante y regalado que el del fariseo, donde no serás zaherida, sino bien admitida; no barrerás el suelo, sino que pisarás el Cielo; pide a la Magdalena te deje uno de los pies de Cristo para regarle mientras ella baña el otro con su llanto; aprende de la discípula del Señor lecciones de penitencia. Acompáñala ahora en el dolor para que después en el consuelo te ayude.

Punto tercero.

Llora un mar de lágrimas la Magdalena, para poder salir del abismo de sus culpas regando los pies de Cristo; con sus amargas lágrimas lava su alma de la inmundicia de sus deleites; enjúgalos con sus cabellos, trocando en lazos de Dios los que habían enredado las almas; no cesa de besarlos, haciendo paces otras tantas veces como los había ofendido; toda se emplea ya en su amado la que toda se le había negado; toda está puesta con Él, con sus potencias y sentidos, cuanto más en el corazón. Báñale los pies con las dos fuentes de sus ojos y chúpalos con sus dos labios; con sus blancas manos los aprieta y con sus rubios cabellos los enjuga, porque toda se consagre a Dios la que toda se había profanado.

Pondera, ¡oh, tú, que has comulgado!, tu mayor dicha con menos merecimiento: que si la Magdalena llega a lograr los pies de Cristo, tú a gozarle todo entero; si ella a besarle, tú a comerle; no sólo le aprieta los pies con tus manos, sino entrañas con entrañas; ella le ofrece sus lágrimas, el Señor te brinda con su Sangre; ella le enjuga con sus cabellos, tú con las telas de tu corazón; si ella le tiene asido, tú encerrado. Emplea, pues, toda tu alma y tus potencias en servirle y adorarle el día que le recibes.

Punto cuarto.

Censuraba el fariseo lo que la Magdalena hacía, y no lo que había hecho; que es el mundo fiscal de las virtudes y abogado del vicio. Con otros ojos la mira el Señor, bien diferentes de los hombres: comienza a relatar los servicios de la Magdalena, haciendo los cargos de las omisiones de Simón. «Tú—dice—no te dignaste de besar mi rostro, y ésta no ha cesado en todo este rato de adorar mis plantas; no me diste aguamanos, y ésta de ojos me la ha servido; no gastaste una gota de aceite en mi cabeza, y ésta ha derramado en mis pies el más precioso bálsamo; no desplegaste una toalla con que me enjugase las manos, y ésta me ha enjugado los pies con la preciosa madeja de sus rubios cabellos»

Oye, alma, que te dice a ti otro tanto el mismo Señor hoy, que le has hospedado, no sólo en tu casa, sino en tu pecho: «Alma, no me diste un beso de paz, cuando tantos, de guerra con tus pecados; no derramaste una lágrima de ternura, cuando te estoy bañando en mi Sangre.» ¡Qué poca fragancia despides de virtudes, y qué fría, qué corta y qué grosera has andado! Recambia tus cortedades en agradecimientos, y, pues ganas a la Magdalena en el favor, procura igualarla en el amor. Oye lo que te dice Cristo: «Ve en paz pues, en mi gracia, estimándola como antes perdida.» Y respóndele tú: Mi Dios y mi Señor: antes perder mil vidas que volver a ofenderos.

MEDITACIÓN XXII

De la oveja perdida y hallada, regalada con el Pan del Cielo.

Punto primero.

Contempla cómo la simple ovejuela, engañada dé su antojo y llevada de su gusto, se aparta del rebaño, se aleja de su Pastor, perdida, cuando más entretenida, apacentando sus apetitos en los verdes prados de sus deleites. «No haya prado—dice—que no lo pase y lo repase mi gusto.» ¡Oh!, cómo trueca las seguridades de la gracia en los evidentes riesgos de la culpa, y olvidando los cariños de un buen pastor que la defiende, se expone a las gargantas de un lobo que la trague.

Pondera, ¡oh, alma mía!, cuántas veces has hecho tú otro tanto; en ti se verifica la parábola, y el lobo infernal está en ella; tú eres la ovejuela tan simple como errada; dejaste los amenos prados de la gracia, y habitas sombras de la muerte; dejaste tu buen Pastor, que te compró con su vida, que te señaló con su Sangre, y sigues a un león cruel que te rodea para tragarte. Acaba ya de conocer tu yerro y reconocer tu peligro; bala, para que te oiga tu Pastor; llámale con balidos de suspiros, a golpes de tu pecho y al murmullo de tu llanto.

Punto segundo.

Luego que echa de menos el cuidadoso, mayoral su descuidada ovejuela, trueca el descanso de su cabaña en afanes de buscarla. He aquí que viene saltando por los montes y pasando los collados, y ella se está en los valles de su culpa. ¡Qué de penas le cuestan los gustos de ella, qué de amarguras sus dulzuras, qué de hieles sus panales! Él anda entre espinas, ella entre flores; él sin comer, ella repastándose; rásganle las zarzas el pellico[15], y llegan a ensangrentarle; va pereciendo de sed cuando más sudando; no para hasta subir a un monte para mejor atalayarla; despójase del pellico, y desnudo trepa un árbol arriba, donde, puesto en lo más alto, alarga sus dos brazos a dos ramas, que de ellas pende, y con gran pena se sustenta; comienza a llamarla con valientes clamores y aun con lágrimas. El Cielo oye por su reverencia, y la ovejuela se hace sorda en su obstinación: mas, ¡ay!, que ya inclina la cabeza, viendo que no puede hablar para hacerle señas, que primero dejará de vivir que llamarla, y no contento con esto, déjase abrir el pecho y muéstrale sus amorosas entrañas.

Alma, oveja perdida, ¿hasta cuándo ha de durar la dureza de tu corazón? Reconoce tu divino Pastor y estima lo que le cuestas; por ti dejó su Cielo y bajó al mundo, sudó sangre, rasgáronle los azotes las espaldas, y las espinas las sienes; cargó y cayó con la Cruz, subió al Calvario, sorteáronle los vestidos; desnudo trepó al árbol de tu remedio, allí extendió sus brazos. ¿No le oyes cómo te silba con suspiros y con lágrimas? Mira que inclina su cabeza perseverando en llamarte, abre su costado y te franquea sus entrañas. Acaba, y deja los viles deleites de

---

[15] Zamarra de pastor. N. del E.

la villana tierra, y gozarás de los regalados pastos del Altar, que es el paraíso de la Iglesia.

Punto tercero.

Hallada la ovejuela, vuelve su buen Pastor de muerte a vida. ¡Con qué agrado la recibe entre sus brazos, siempre abiertos para ella! No la riñe enojado, antes la acaricia compasivo, y sacando el sabroso pan de su seno, con su mano la convida y con su diestra la regala; trasládala de sus brazos a sus hombros, si antes agobiados con el peso de las culpas, ahora aliviados con la dulce carga; condúcela a sus seguros rediles, júntala con las otras noventa y nueve. Qué gozoso va Él con ella, y qué dichosa ella con Él, balando y diciendo: «Mi amado para mí, y yo para Él toda entera y con corazón entero.»

Considérate hoy, alma mía, favorecida del divino Pastor, vestido del pellico blanco, y regalada de su mano con el Pan del Cielo, que Él es tu pastor y tu pasto. Toma el pan de su mano y cómete la mano también; con sangre te redimió, con sangre te alimenta. Él te lleva en sus hombros, llévale tú en tu pecho; Él rasga su costado, métele tú en tus entrañas. Come con gusto este Pan que bajó del seno del Padre, repástate en él: conocerás la diferencia que hay de este manjar de los ángeles a una comida de bestias.

Punto cuarto.

Balando va la hallada ovejuela, y, dando gracias a su buen Pastor, pregona con balidos sus favores. «¡Oh, amado Pastor mío—va diciendo—, y lo que os debo, y quién pudiera pagarlo! Otros pastores se comen sus ovejas, y yo me como a mi pastor; ellos las trasquilan para vestirse, y Vos os desnudáis para vestirme; ellos las desuellan, y Vos quedáis todo lastimado para curarme; ellos les tiran el cayado, y Vos me ponéis sobre los hombros; ellos las encojan, y Vos me sanáis; ellos las despeñan, y Vos me lleváis acuestas.»

¿Qué gracias os daré yo, Señor, por tantas misericordias? Correspondan mis favores a vuestros favores; cantaré eternamente un cantar nuevo, juntando mis balidos con los de aquellos rebaños celestiales que os están alabando y ensalzando por todos los siglos de los siglos. Amén.

MEDITACION XXIII

De la mala preparación del que fue echado del convite.

Punto primero.

Considera el cuidado de aquellos convidados en prevenirse de gala para poder parecer ante la real presencia. Saben que es un rey el que los convida, y, así, no se contentan con cualquier atavío; procuran el mayor de la vida, cual suele ser el del día de la boda. Muestra estimación de la persona que se visita el ornato que se trae, y la composición exterior es indicio y aun empeño de la interior; no cualquier adorno es bastante para un día tan solemne como ser convidado de un rey; requiere ser precioso, porque los ojos reales están hechos a gran riqueza. Llegan, pues, estos convidados con galán aliño para ser admitidos con agasajo honroso.

Alma, hoy estás obligada del mayor Rey al mayor convite; según esto, pondera la obligación de adornarte. Poco es ya el no venir con desaliño; pase a ser rica gala; no basta el no venir oliendo a culpas, sí arrojando fragancia de virtudes; no basta cualquier atavío, que están hechos los divinos ojos al aliño de los ángeles. Sal, pues, con arreo de santidad, para sentarte a la Mesa real con majestuosa decencia.

Punto segundo.

Estando todos dispuestos por su orden y compuestos por su aliño, se atrevió otro, y muy otro, a meterse entre ellos sin el vestido de boda, tan sin empacho cuan sin adorno (que es el atrevimiento arrojo de la vileza), con la cara deslavada y las manos sin lavar, oliendo a la inmundicia villana; entra en el salón, que remeda un cielo, con tanta insensibilidad suya como sentimiento de los demás. Introdúcese el cuervo entre los nevados cisnes; nada le dicen ellos, como cándidos, demás de que en la ajena casa dejan el reñir a su dueño. Pensó, a lo necio, que no le vería el Rey por estar bajo cortinas, o ya que, misericordioso, disimularía como otras veces; pero engañóse: que agravios tan cara a cara, ofensas tan cuerpo a cuerpo no se pasan sin castigo, siquiera por el escarmiento.

Pondera tú con temor tan feo desacato, y no va en otro sino en ti mismo. Imagina en tu garganta el afilado cuchillo; cuando te sentares a la mesa de este Príncipe, no llegues revestido de tus pasiones, no te acerques oliendo a culpas; mírate primero al espejo de los otros al cristal de un fiel examen; pruébate a ti mismo que eres hombre; no te confíes de que está el Rey bajo la cortina de los accidentes: que está celando como Esposo entre los canceles de su disimulo, tras las celosías de su reparo.

Punto tercero.

Estaban ya todos muy de asiento, con deseo de cebarse en las regaladas viandas de la Mesa real, cuando entró el mismo Rey en persona, que no fía a otros que a sus ojos el registro de esta mesa. Reconocidos todos los convidados uno por uno, reparó luego en aquel que por lo desigual sobresalía: ofendióle lo asqueroso, y mucho más lo atrevido; pero, templando su indignación con su bondad: «Amigo—le dice— ¿cómo entraste acá? ¿Tú? ¿Y acá? ¿Y sin aliño nupcial?» Tratóle de amigo, careándole con el primer traidor que profanó esta Mesa. No tuvo qué responder el desdichado, tan a la cara convencido que se come el juicio el que sin él come en esta Mesa; que está aquí el Juez y el juicio, no son menester más pruebas. Fulmínase al punto la sentencia de que sea echado fuera; que es la privación de su divino rostro el más sensible castigo: échale por lo mal mirado en las tinieblas exteriores.

¡Oh, tú, que estás sentado a la Mesa del Altar!, mira, guarda, no te suceda tal desdicha. Oye lo que dice el Rey divino, que contigo habla: «Amigo, ¿cómo te atreviste a entrar acá? ¿Tú, pecador indigno? ¿Tú, y acá, en la sala de la misma pureza, en el centro de la santidad? ¿Qué es del ornato de las virtudes? ¿Dónde dejaste las vestiduras de la gracia? ¿Qué dices? ¿Qué respondes? ¿Tú también enmudeces?» ¡Oh, qué confuso se hallaría con dos azares, de honra y hambre! Saca, pues, un bien prevenido escarmiento y un temor reverencial; procura gran disposición de gracia para no caer en su mayor desgracia.

Punto cuarto.

¡Qué gozosos quedarían los otros de su bien a vista del mal ajeno! ¡Cómo levantarían las manos al cielo, viendo atadas las de aquel desdichado! Rendirían dobladas gracias al Rey del convite, satisfechos y dichosos. ¡Cómo alabarían ellos viendo al otro enmudecer! Desplegaron sus labios al aplauso, los que antes al regalo.

Atiende tú a dar gracias al Señor, que así te tiene de su mano; mira que en las de Dios están tus suertes; no enmudezcas culpado, alaba a Dios perdonado. Si estimas tus dichas, agradece sus misericordias; corona su Mesa como renuevo de paz; no vaya en cenizas del fulminado castigo; canta como bien comido, alaba como satisfecho a un Señor que te concedió acabar la fiesta en paz y te sació con la flor de la harina.

MEDITACIÓN XXIV

De la dicha de Mifiboset sentado a la mesa real, aplicada a la Comunión[16].

Punto primero.

Considera qué novedad le causaría a Mifiboset verse llamado del rey David para sentarse a su lado y comer a su mesa; ocuparía su ánimo el gozo, y su humildad el espanto. Veíase favorecido de la gracia real el que tan desfavorecido de la Naturaleza, desposeído de la fortuna, hijo de príncipe que pasó; desamparado como pobre, y olvidado como desposeído, cojo en el cuerpo y caído de ánimo, con tantas imperfecciones como humillaciones. Consideraba, pues, la grandeza del rey, a vista de su bajeza, y diría: «¿Yo sentarme a la mesa real, cuando no tengo qué llegarme a la boca? ¡Que un rey me haga el plato, cuando nadie se digna servirme!» Encogíase viendo lo poco que valía, y animábase viendo lo que el rey le honraba. «¡Qué he de parecer— decía—sentado entre tanta grandeza, con tantas imperfecciones!; pero al fin su gran bondad suplirá mi indignidad.»

---

[16] 2 Samuel 9. N. del E.

Imagínate otro Mifiboset, con más imperfecciones en el alma que él en el cuerpo, cojeando siempre en el divino servicio, contrahecho por la culpa y agobiado hacia la tierra, hijo y nieto de padres enemigos del Señor, y tú más pecador que todos, y que con todo eso, otro mayor rey que David, pues es Monarca del Cielo y tierra, te convidará su mesa y te hace plato. Carea tu vileza con su grandeza; su infinidad y tu cortedad; saca una gran confusión, humillándote caído y animándote favorecido.

Punto segundo.

Trata de adornarse Mifiboset para poder parecer ante la presencia real; suple con los arreos sus defectos; no llega asqueroso por no doblar la ofensión; vestido, sí, de gala para disimular sus imperfecciones. ¡Con qué encogimiento entraría en el palacio! ¡Qué humilde se postraría a las reales plantas, diciendo!: «Señor, ¿cuándo os he merecido yo tan gran favor? Sobrábame el comer con vuestros criados; pero ¡a vuestra mesa, a vuestro lado, y en un mismo plato, y de un mismo manjar! Mirad que no son mis méritos para tan prodigiosas mercedes.» Mas el santo rey, tan generoso cuan compasivo, le levantaría a sus brazos diciendo: «Sí, sí; a mi mesa te has de sentar y conmigo has de comer.»

Pondera tú, cuando hoy estás convidado, no de un rey de la tierra, sino del Monarca del Cielo, a su mesa y a su plato, con qué ornato debes llegar, qué gala vestir, procurando encubrir las fealdades de tus culpas con los arreos de la gracia.

Punto tercero.

Sentado estaba Mifiboset a la mesa real, tan encogido cuan honrado, favorecido del rey, admirado de los cortesanos; los grandes le asistían, y él comía; el mismo rey le hacía plato, que sería de lo mejor. ¡Con qué gusto lo comería!, como venido de la real mano. ¡Qué consolado estaría de su nueva dicha! ¡Qué satisfecho del regalo! Aquí se vieron juntos esta vez la honra y el provecho; compitieron la benignidad de David con la humildad de Mifiboset.

Pondera tú, el que comulgas, que por grandes finezas que use el rey de Israel con Mifiboset, nunca llegarán a las que contigo hoy hace el Rey del Cielo: allí le daba el rey preciosos y regalados manjares, pero no se le daba a sí mismo; hacíale plato de la vianda real, pero no de su corazón; de suerte, que comía con el rey, pero no comía al rey. Aquí sí; en esta mesa del Altar, comes con Dios y te comes a Dios; su mismo Cuerpo te presenta, y con él su Divinidad; cuanto tiene te da, y a Sí mismo con todo. Logra con buen gusto tan exquisita comida; vete poco a poco cuando comes mucho a mucho; da lugar a la consideración; saboréate con Él; mira que es gran bocado, pues es un Dios verdadero; advierte que los mismos ángeles te asisten, envidiándote la dicha, si celando la decencia.

Punto cuarto.

Mostraríase agradecido Mifiboset a tanto agrado; trocaríase el encogimiento al comer, en el desahogo del agradecer; conocióse la estimación del favor recibido en volver a lograrlo; no se le conocerían las tardanzas de cojo, puntualidades, sí, de convidado; no se portó como hijo del mayor perseguidor que tuvo David, sino como el más fiel y reconocido vasallo.

Saca qué alabanzas debes tú dar a tan gran Rey, que así te ha favorecido; qué gracias rendir a un Señor que así te ha regalado. No le ofendas como enemigo, sírvele como hijo tan obligado. Concluye diciendo: «¡Oh, mi Dios y mi Señor! Más humano os habéis mostrado que David en favorecerme, y todo divino en perdonarme; y con estar yo más lleno de imperfecciones en el alma que Mifiboset en el cuerpo, os habéis dignado admitirme en vuestra Mesa y ponerme a vuestro lado; habéisme hecho plato de vuestro corazón y de vuestras entrañas, dándoosme todo en comida. ¿Qué gracias os daré yo, Señor, por tan grandes favores? Lo que decía el santo rey David: Cáliz por cáliz, sea una Comunión recompensa de otra; pagaré el dar con tomar, que con Vos, Señor, no hay otra retribución; volveré otra vez a comer y comeros bastaba para mí, y sobraba, sentarme a la mesa de vuestros jornaleros, pero para vuestra infinita Bondad no bastaba; los ángeles os alaben por mí, pues yo he comido por ellos y me he comido su Pan; dadme una gracia tras otra, y sea, que coma yo con Vos toda esta vida temporal y os goce toda la eterna.»

MEDITACIÓN XXV

De cómo dio gracias el amado discípulo, recostado en el pecho de su Maestro.

Punto primero.

Contempla cómo el discípulo de puro corazón se alza con el corazón de su Maestro; más goza quien más ama, y es propio de corazones vírgenes el amar más, porque, negándose a las criaturas, se entregan enteros a Dios. Es Juan el amado discípulo del amador de la pureza; dispónese con virginal pecho para recibir al cándido Cordero; compite extremos de finezas con purísimos afectos, y después de haberle seguido por dondequiera que va, se echa a descansar en su pecho; allí reposa como en su centro, y quedaríase diciendo: «Mi Amado para mí y yo para Él, que se apacienta entre azucenas.» No pretende otro del valimiento de su príncipe, sino gozarle todo interior y exterior mente; Él es su principio y su fin, Dios y todas sus cosas, y pone a la Virgen entre ellas.

Pondera, alma, con qué pureza debes tú prepararte cuando llegas a comulgar, para que recíprocamente descanse el Señor en tu pecho y tú en su seno; despiértese tu fe para que duerma en el Señor tu caridad; trata de disponerte con un corazón virgen, negado a toda afición terrena; con una conciencia pura, limpia de toda culpa, y así amarás más y gozarás más de las divinas finezas.

Punto segundo.

¡Oh, águila caudal, y con cuán penetrante vista te examinaste a los rayos del Sol Encarnado e hiciste presa en su abrasado Corazón! Después de haber cebado en el pecho de Cristo, anidas en él; de modo que hallas pasto y tienes nido en su seno; vuelas a descansar en él; después de haber mirado de hito en hito al Sol enamorado y bebídole sus luces entre arreboles de su preciosa Sangre, cerraste los ojos en la quieta contemplación; ¡oh, cómo despediste toda la frialdad del espíritu al calor de aquel encendido Corazón; ¡oh, cómo escudriñabas las trazas de sus finezas, las invenciones de su amor!; ¡cómo tomaste despacio el gozar de un amor que sé eternizó: que cuando pareció que se acababa, entonces comenzaba, y habiendo amado, amó hasta el fin!

Alma, con el mismo pecho te convida hoy el mismo Señor cuando se te da en manjar; llega hoy a comulgar y a recostarte en su seno. Logra con iguales afectos, iguales favores; y si Juan fue el amado, procura tú ser el amante; muéstrate águila en la contemplación, así como en la voracidad; atiéndele con los ojos de la fe, y haz presa con la encendida caridad.

Punto tercero.

En habiéndose comido Juan a Cristo, se toma licencia de recostarse en Él; por dentro y fuera quiere estar rodeado de su Maestro. ¡Oh, gran discípulo del amor, y qué bien practicas sus lecciones!: descansa el Hijo de Dios en el seno de su Eterno Padre, y Juan en el del mismo Hijo de Dios, que tal puesto escoge para reposar tal comida; sin duda que de este modo le entrará en provecho, así como le entró en gusto.

Alma: aprende a dormir en Dios después de haberte alimentado de Dios; sosiégate en la contemplación; no te inquieten impertinentes desvelos; no luego te abatas al mundo; persevera en este Cielo. Pídele mercedes a un Señor que ha usado contigo de tales finezas; asístele como águila en el contemplarle, ya que no lo pareciste en el comerle; atiéndele durmiendo como Juan, con los ojos cerrados a las criaturas y abiertos a sólo Dios.

Punto cuarto.

Quedó tan reconocido Juan al divino favor, que lo tomó por blasón; hizo de él glorioso renombre, llamándose el amado discípulo que se recostó en el pecho del Señor después de su cena. Juan quiere decir: gracia; que los agradecidos son los favorecidos; no sólo no pone en olvido esta gracia, sino que la perpetúa en lo agradecido de su nombre y quiere ser llamado por las gracias que retorna, significando que primero dejará de ser nombrado, que grato; conságrala a la eternidad en alabanzas y en afectos, y procura desempeñarse acaudalando amor sobre amor.

¡Oh, tú, que has comulgado!, pues seguiste al amado discípulo en los favores, no le dejes en los agradecimientos, y si este divinísimo Sacramento fue buena gracia para ti, porque así se nombra como obra, correspondan en ti las buenas gracias; Eucaristía se llama, pidiendo lo agradecido en blasón; saca rendir gracias a gracia, fervores a fervor, afectos a fineza y servicios a tal merced.

MEDITACIÓN XXVI

Del convite del rey Asuero[17].

Punto primero.

Considera cómo aquel gran monarca, para hacer ostentación de su grandeza, tomó por arbitrio celebrar un suntuoso banquete: gánanse las aficiones con las dádivas, y las amistades en los convites. Convidó a todos los grandes y señores de su reino, que a un banquete grande, grandes han de ser los convidados, y si real, príncipes; vienen todos con ricos y galantes atavíos, compitiendo a bizarrías el favor, correspondiendo a tal honra tal ornato.

Pondera tú a cuanto mayor banquete estás hoy convidado, cuanto mayor es el Monarca que lo celebra, no para hacer ostentación de su grandeza, sino de su fineza: aquel era un rey de la tierra, este de tierra y Cielo, y así, convida a los del Cielo para que asistan, y a los de la tierra para que coman; allí eran llamados los grandes, aquí son elegidos los pequeños; allí los ricos, aquí los pobres de espíritu; aquéllos vestidos de gala, éstos de gracia. Conocido, pues, el banquete a que hoy eres llamado, el

---

[17] Ester 1. N. del E.

109

palacio en que entras, la Mesa en que te sientas, la Majestad del Señor que te convida, conocerás el ornato con que has de venir, la reverencia con que has de llegar, el gusto con que has de comer.

Punto segundo.

Iban entrando aquellos príncipes y señores, sentándose a la mesa por orden de dignidad, no de anticipación; no por años, sino por méritos; los más principales, los primeros, y los más cercanos en sangre al rey estaban los más allegados en puesto. Servíanle a cada cual el plato que apetecía, siendo su boca medida; por exquisito que fuese el manjar, se lo ponían delante; de modo, que aquí lograban juntos la honra y el provecho, y no menor el gusto.

Pondera todas estas excelencias en este sacramental banquete; aquí todos son de la sangre cuanto todos la participan; todos están tan allegados al Rey, que le tienen dentro de sí mismos, y tiene cada uno un Rey en el cuerpo y aun un Dios. Comen todos a pedir de boca, y más, pues más de lo que supieran pedir, de lo que pudieran apetecer: en cada bocado un Dios y en cada migaja un Cielo. Llega, alma y toma lugar muy de asiento, come con reposo, tu boca sea medida, y advierte que cuando más tú la dilatares, más la llenará el Señor; repara en lo que comes, y comerás con espíritu.

Punto tercero.

Comían las regaladas viandas con buen gusto, como quienes tan bueno le tenían, y eran todos príncipes hechos a grandes bocados, y así, sabían hacer estimación de lo que era bueno; comían mucho, acostumbrados a comer bien, y, como cortesanos, hacían lisonja al señor del banquete con el logro del regalo, y más para un príncipe que picaba en liberal y manirroto. Los platos eran tan exquisitos cuan bien sazonados, y así nada perdonaban a su gusto, no perdían ocasión, nada se desperdiciaba.

Pero advierte que, por mucho que aquel poderoso rey les quiso dar, no llegó a dárseles a sí mismo. Quédese esto para este gran Dios, que hoy, alma mía, para Sí mismo te convida; compitan su poder y tu querer. No los ama tanto Asuero, que les dé un brazo suyo en un plato, que les brinde con la sangre de sus venas, que les haga pasto de sus entrañas; pero este gran Rey de Reyes y Señor de Señores ama tanto a sus convidados, que les abre su costado, antes con el amor que con el hierro; háceles plato de sus entrañas y bríndales con su preciosa Sangre. Alma, esto sí que es convidar y esto comer; llega con hambre insaciable a un manjar infinito, repasa lo que comes, que por ello se llama Pan de entendimiento y comida de entendidos; procura estar de día; y boca hecha a reales bocados, no degenere después en los groseros manjares del mundano Egipto.

Punto cuarto.

Mas ¡ay dolor!, que siempre el pesar alinda con el contento. Todos los banquetes fueron azares, y éste del jardín de Asuero el que más pareció a la reina, porque no pareció. Mandó el rey que con su belleza coronase la celebridad; desestimó ella el favor desconocido, y sintió la indignación del rey, desgraciada. Perdió con el convite la corona, y porque no quiso asistir al lado del rey, fue condenada a perpetua ausencia, del mayor lucimiento, a las tinieblas exteriores. En la misma mesa fue condenada, que está en ella el juez; y quien come mal, se come y bebe el juicio.

Escarmienta tú, ¡oh, alma mía!, en la boca ajena; acude al banquete del Altar con tanta preparación como estimación. Mira que por ti se hace la fiesta; no faltes tú por grosera, como otras por atrevidas. Conoce tu dignidad y tu honra, que no sólo estarás al lado del Rey, sino que Él estará en tu pecho. Ven con gracia y vuelve con gracia, rindiéndolas infinitas, que temo no seas desgraciada por desagradecida.

MEDITACIÓN XXVII

**Para llegar a recibir al Señor adorándole
con los tres Reyes y ofreciendo sus dones.**

Punto primero.

Sigue hoy con la contemplación y acompaña con la fe
tres reyes de la tierra en busca del Rey del Cielo: son
sabios, que es gran disposición para hallar la
Sabiduría infinita. Salen del Oriente, principio del
mundo, del comenzar a vivir; buscan el Sol, guiados de
una estrella. Llegan a la gran corte de Jerusalén, donde
todo es turbación, y hallan al Señor en el sosiego de Belén.
Desmontan de su grandeza y acomódanse a su llaneza; los
primeros pasos que dan son con sus bocas por aquel suelo,
para ver de llegar al Cielo de su pie. Entran donde todo es
abierto; descubren un Niño recién nacido y un gran Dios,
que no se divisa, ni aquí por lo pequeño, ni allá por lo
inmenso. Lógranle en brazos de la aurora entre lágrimas
y perlas, júranle por su Monarca y adóranle por su Dios,
ofreciéndole entre dones sus corazones.

¡Oh, tú, que hoy has de comulgar!, pondera que sales
en busca del mismo Rey; ¡oh, si fueses guiado de la estrella
de tu dicha, de la luz de su divina gracia!; hallarle has si
eres sabio, no de este siglo, sino desengañado; ven al

corriente de tu vida y caminando aprisa por las sendas de la perfección.

Punto segundo.

Guía la estrella a los tres Reyes, al paso que los desengaña; introdújolos, no en un soberbio palacio, sino en un humilde portal; entran, no sólo pecho por tierra, sino lamiéndola como trono de sus pies; no admiran tapicerías de seda y oro, sino telas de viles arañas; en vez de los estrados de brocado, hallan un establo alfombrado de pajas; en medio de los brutos, la Sabiduría infinita; trocado en un pesebre de bestias el excelso Trono de los serafines. Arrojáronse luego a sus divinos pies, haciendo sitial de sus coronadas grandezas, compitiendo las elevaciones de su espíritu con las humillaciones de su afecto; lloraban y reían juntamente, efectos de un Niño Sol; y en la mayor pobreza del mundo reconocen toda la riqueza del Cielo.

Alma, hoy la estrella de tu suerte te guía, si no a un portal, a un altar donde está esperando tus tres potencias el mismo Niño Dios que dió audiencia a los Reyes; no te cuesta tantos pasos como a ellos el hallarle, que bien cerca le tienes; no sólo te permite que le adores, sino que le comas. Si los Reyes tienen por gran favor lamer la tierra del portal, *terram lingent*, a ti se te concede lamer su humanidad y sustentarte de su divinidad; ellos llegan a besarle el pie, tú a meterle dentro de tu boca; ellos a tomarle en sus brazos, tú dentro de tus entrañas: estima tu dicha y lógrala ventajosa.

Punto tercero.

Franquearon los Reyes sus tesoros al Niño Dios, después de haberle presentado sus almas; ofrécenle entre los resplandores del oro las amarguras de la mirra, pronosticándole, como astrólogos fieles, las penas de su Pasión. Después de haberle adorado como a Dios, desean acariciarle como a Niño; permitióselo la Virgen Madre, si ya a los rústicos pastores: pedíale uno, tomábale otro, y ninguno le dejaba; abrigábanle con sus púrpuras en obsequio al que había de vestir otra con ignominia. No se hartaban de sonrosear aquellos carrillos a besos, que después sus enemigos habían de ensangrentar a bofetadas; y los que vinieron tan de prisa, lograban su dicha muy despacio, no hallaban el camino de volverse, y fue menester que se les mostrase el divino oráculo en su desvelado sueño.

Alma, póstrate tú a los pies de este Dios Niño, después de haber comulgado; preséntale tus tres potencias: el incienso, en contemplaciones; el oro, en afectos, y la mirra, en las memorias de sus dolores. Ofrécele una fe viva, una esperanza animosa y una caridad abrasada; franquéale el incienso de la obediencia, el oro de la pobreza y la mirra de la castidad; sírvele la oración para con Dios, la limosna para con el prójimo y la mortificación para contigo.

Punto cuarto.

Mostráronse los Magos liberales en las obras, no menos en los agradecimientos y alabanzas del Señor; procedieron en todo como Reyes, en cuyos corazones no caben cosas pocas; lo que enmudecieron en informar a

Herodes se mostrarían elocuentes en bendecir al Señor; pregonarían en sus regiones las maravillas del hallado Rey, y es, sin duda, que los labios que sellaron en sus tiernas plantas, no se cerrarían a las agradecidas glorias.

¡Oh, tú, que has comulgado!, procede como rey, no como villano tosco; muéstrate sabio en el agradecimiento, nada necio en el olvido. Retorna en alabanzas las dichas; repasa y reposa la comida del Cielo en el sueño de la contemplación; vuelve por otro camino a nueva vida, cargado de virtudes, en recambio de tus dones; vuelve al oriente del fervor, y no al ocaso de la tibieza.

MEDITACIÓN XXVIII

Careando la grandeza del Señor con tu vileza.

Punto primero.

¡Oh, mi gran Dios y Señor! ¡Mi espíritu desfallece cuando veo que Vos, un Dios infinito, coronado de infinitas perfecciones, os dignáis entrar en el pecho de una tan vil hormiguilla como yo! ¡Vos, inmenso, que no cabéis en los Cielos ni en la tierra, os estrecháis en el seno de un despreciable gusano! ¡Vos, todopoderoso, que podéis criar otros infinitos mundos, llenos de otras criaturas muy perfectas, os queréis meter dentro la poquedad de esta vil criatura, que nada puedo y nada valgo! ¡Vos, sabiduría infinita, que todo lo sabéis y todo lo comprendéis, lo pasado, lo presente y lo venidero y cuanto es posible, os allanáis así con quien es la misma ignorancia! ¡Vos, eterno, indefectible, que fuisteis antes de los siglos, y sois, y seréis siempre, venís a mí, que en un punto desaparezco! ¡Vos, Señor, infinitamente Santo y bueno, queréis morar dentro del pecho de un tan indigno pecador! ¡Vos, la suma grandeza; yo, la misma vileza! ¡Vos, todo; yo, nada! Si las columnas del Cielo tiemblan ante vuestra divina presencia, ¡cómo no se estremecerán las paredes de mi corazón! Ayudad, Señor, mi vileza, confortad mi pequeñez, para que no desfallezca al recibiros.

Punto segundo.

Dios mío y Señor mío: si el Bautista no se tenía por digno de desatar la correa de vuestro zapato, ¿cómo llegaré yo, no sólo a la cinta, sino a tocaros todo, a comeros y a meteros dentro de mi pecho? ¿Qué dijera el Bautista si hubiera de comulgar, si hubiera de recibiros, Señor, y meteros dentro de su pecho? Si Juan, santificado en el vientre de su madre, confirmado en gracia, criado en la aspereza de un desierto, lucero del Sol, Precursor vuestro, no se halla digno de tocar la correa de vuestro zapato, yo, nacido y criado todo en pecados, yo, lleno de culpas y miserias, yo, un tan gran pecador, ¿cómo he de llegar a recibiros, cómo os he de poner en mi boca y meteros dentro de mis entrañas? Si Juan, con tanta penitencia sin culpas, se encoge, ¿qué haré yo con tantas culpas sin penitencia? Mas oigo que me está diciendo el mismo Bautista: «He aquí el Corderito del Señor: llégate a Él, que si es infinita su grandeza, también lo es su misericordia; si es un Dios inmenso, también es un Corderito manso; si tú estás lleno, de pecados, Él es el que los quita.» Limpiadme, pues, Señor mío, más y más; criad en mí un corazón limpio, renovad un espíritu recto en mis entrañas para poder hospedaros en ellas.

Punto tercero.

«¿Quién sois Vos, Señor, y quien soy yo?» decía el humilde San Francisco; lo mismo repetiré yo muchas veces. Si el santo patriarca Abraham se encogía para haberos de hablar y decía que era polvo y ceniza, ¿cómo he de llegar yo, no sólo a ponerme delante de Vos, sino a poneros dentro de mi pecho? Si los serafines de vuestro trono, abrasados de amor, se cubren los rostros con las alas como corridos ante vuestro soberano acatamiento, ¿cómo me atreveré yo, tan frío y perezoso en vuestro servicio, a llegar a poner mi boca en vuestro costado, a sellar mis labios en vuestras llagas, a recibiros dentro de mi pecho? ¿Qué, es posible—exclamaré con Salomón—; qué, es imaginable que el mismo Dios, real y verdaderamente, more dentro de mí? Porque si los Cielos de los Cielos no os pueden, Señor, abarcar, ¿cuánto menos esta pobre morada donde os dignáis hoy hospedar? Pero atended, Señor, a mis plegarias, no a mis deméritos; supla mi humillación mi vileza, y el mismo conocerla sea disculparla.

Punto cuarto.

¡Oh, mi Dios y mi Señor!, y ¿dónde estaba yo cuando os alaban las estrellas de la mañana? Si vuestro lucero Juan os veneró en presencia y os celebró en ausencia por tantos favores recibidos, ¿qué diré yo por mercedes tan continuadas? Querría cantar hoy un nuevo cantar, porque hicisteis conmigo maravillas, y si Vos hicisteis memorial de ellas en este divinísimo Sacramento, yo haré un memorial de eternas alabanzas; ¡oh, si volase un serafín vuestro a purificar mis labios, primero para recibiros, y después para ensalzaros! Cantaré eternamente vuestras infinitas misericordias; y aunque me reconozco vil y bajo, que no querría ser grosero: antes, lo que os he estrechado, Señor, al recibiros, querría engrandeceros al celebraros. Daré gracias sin cesar al que me corona de misericordias.

MEDITACIÓN XXIX

De la gran Cena, aplicada a la Sagrada Comunión.

Punto primero.

C onsiderarás cómo en este gran Señor realza la bondad su grandeza, compítense lo infinito bueno con lo comunicativo mucho, y lo Padre con lo Rey poderoso; no se reserva para gozarse a solas sus infinitos bienes, sino que a todos los franquea hasta convidar con los tesoros y rogar con las felicidades. Envía sus criados, tan diligentes como alados, a buscar los convidados perezosos; pero villanos éstos, porque terrestres, desprecian la honra y malogran el provecho; excúsanse de venir, necios sobre desgraciados, y hechos a los viles manjares de su Egipto, asquean las delicias del Cielo, detienen a unos los grillos de oro de su codicia, a otros, la liga de la sensualidad; desvanece a muchos ambiciosos la honra, que son las concupiscencias mundanas: de suerte que todo está prevenido y faltan los convidados; ¿quién tal creyera? Pero es el convite del Cielo, y ellos muy del mundo, lo que el Señor se ostenta cortés, ellos se muestran villanos.

Acuérdate tú, alma, cuántas veces has cometido mayores groserías, pues convidándote el Rey del Cielo a su mesa, villana tú, desconociste el favor, malograste la dicha y, en vez de prepararte para ir a comulgar, te rendiste a una inútil tibieza, a un vano entretenimiento. Saca una bien recocida enmienda y un deseo eficaz de frecuentar este suntuoso banquete.

Punto segundo.

Viendo el Señor que no gustan de venir los convidados, gente de harto mal gusto, y que instados de su bien, le desprecian, no por eso se disgusta con los demás ni trata de retirar sus beneficios: antes, con más deseo de comunicarlos, da nuevas órdenes y manda a sus Ministros salgan a las calles y a las plazas y convoquen todos los pobres, pues los ricos se retiran, vengan los hambrientos, que de ellos es la gran Cena; sea el mayor castigo de los mundanos el no probarla ni verla. Acuden éstos tan prontos como necesitados; vienen los cojos diligentes, los ciegos a dar en el blanco; entran con humildad y son recibidos con agasajo; llénanse las mesas de pobres de espíritu despreciados en el mundo, estimados en el Cielo, que de ellos es el reinar con Dios. Considérate tú el más pobre de cuantos hay, cojeando siempre en la virtud, manco en el bien obrar, y hazte encontradizo con los ángeles, entremetiéndote en el Cielo; no aguardes a ser buscado: llega humilde y serás bien recibido; mira que es gran disposición el hambre para tanto manjar.

Punto tercero.

¡Con qué apetito se sentarían a la abundante mesa los mendigos! Cómense los pobres las viandas de los príncipes. ¡Cómo se saborearían en ellas sin el hastío de ahitos, sin el peligro de empachados! No pierden punto ni tiempo; no se divierten a otra cosa; saben que es cena y que no les queda a qué apelar; nada desechan, que ni lo permite la gana ni la sazón de los manjares; éntrales muy en provecho lo que tan bien les sabe, y quedan muy satisfechos los que hasta hoy no han comido cosa de substancia.

Imagínate tú en el más mísero de todos; llega con hambre a esta Mesa sacramental y comerás con gusto, que por grande que fuese aquella cena, no fue más que una sombra de la tuya; saboréate como mendigo, y vete entreteniendo muy despacio en este delicioso manjar; cómelo con fe, rumíalo con meditación; advierte bien lo que comes, y hallarás que en toda tu vida no has probado hasta hoy cosa ni de gusto ni de substancia.

Punto cuarto.

¡Qué contentos, qué satisfechos quedarían éstos, no ya pobres, sino ricos convidados, que aquel te enriquece, que te hace el plato. ¡Cómo igualaría ahora lo agradecido a lo hambriento! ¡Qué de gracias repetirían al Señor del convite los que no se habían visto satisfechos hasta ese día! ¡Qué parabienes se darían unos a otros de su dicha a vista de la desdicha ajena! ¡Y cómo la reconocerían y la celebrarían!

Alma reconoce tu dicha, levanta tu voz con la agradecida Reina de los Cielos, magnificando al Señor y diciéndole: «A los hambrientos llenó de bienes, y a los fastidiosos ricos los dejó vacíos». Muéstrate tan agradecida cuanto fuiste honrada; pide a los ángeles te presten sus lenguas, si ya para el gusto, ahora para el agradecimiento. Saca llegar a comulgar como pobre hambriento a la gran Cena.

MEDITACIÓN XXX

Para recibir al Señor, como tesoro escondido en el Sacramento.

Punto primero.

Considera cuando un hombre de riquezas llega a tener noticia de algún gran tesoro escondido, con qué facilidad lo cree, con qué diligencia lo procura; no se echa a dormir el que no sueña en otro que en enriquecer, no come ni bebe, hidrópico del oro; su primera diligencia es comprar el campo donde sabe que está, para tenerle más seguro; él mismo se pone al trabajo de cavarlo, porque de nadie se fía; la esperanza de hallarle desmiente su fatiga, y no siente que revienta de cansancio el que revienta de codicia; crece el ahínco al paso que se va acercando a él, y alienta los cansados brazos el codicioso corazón.

Alma, hoy te ha dado noticia la fe de aquel tesoro tan grande como infinito, escondido en un campo de Pan tan precioso, que encierra en sí toda la riqueza del Cielo. Pobre eres, y volverás rica, si le hallas; logra esta misericordia y saldrás hoy de miseria; aquí tienes en esta Hostia todos los tesoros eternos. ¿Cómo no los buscas diligente? ¿Cómo no los logras dichosa? Muy a mano tienes el tesoro; gózale a manos llenas, llega a la Sagrada Comunión con el anhelo que un avaro a un gran tesoro.

Punto segundo.

Llamó Pablo estiércol las riquezas de este mundo, y con razón: pues vienen a parar en basura, son corruptibles, y dejan burlados a sus necios amadores; son inmundas y ensucian de vicios el corazón. Locura sería, y grande, llenar los senos de basura, pudiendo de ricas joyas; cargar en el montón de lodo, pudiendo en el de oro. Esto hacen los hijos de este siglo, bastardos del Eterno: desprecian el tesoro del Altar y estiman el muladar[18] del mundo.

No seas tú tan sin juicio cuanto de tan mal gusto, que pierdas un tesoro en cada Comunión por un vil interés, por un sucio deleite, por una necia pereza; llega con codicia y volverás con dicha.

Punto tercero.

¡Qué contento se halla el que halló el tesoro escondido, y más si precedieron en él lo codicioso y lo pobre!; ¡Con qué afán le va descubriendo, y con qué gusto gozando! Viéndolo está y no lo cree, y no fiándose de los ojos, llega a satisfacerse con las manos; pero ¿qué mucho, si todos los sentidos y potencias tiene allí empleados, sin divertirse a otra cosa porque nada se pierda, que hace de llenar los senos y aun los ensancha porque quepan más? La carga le es alivio, y el pesar es de que no pesa más; ya

---

[18] Lugar donde se acumula el estiércol. N. del E.

vuelve de su casa al campo, sin parar un punto mientras haya qué llevar: vacía los senos y llena las arcas, y vuelve con diligencia a cargar; vuelve y revuelve, mira y remira, busca donde ya buscó, que esto es atesorar y para toda la vida.

Alma, tú, que hallaste el riquísimo tesoro, tan escondido como Sacramentado en el campo del Altar, ¿con qué afecto debías llegar a lograrle? ¿Con qué atención a descubrirle? ¿Con qué ansia a recoger? ¿Con qué gusto a gozar? ¡Mas, ay, que no conoces el bien que tienes! ¡No sabes lo que vale y lo que te importa! Reitera los caminos en frecuentes y devotas Comuniones, y enriquecerás; acaba de deponer tu tibieza, enigma de la riqueza: mira que atesoras para ti y para toda tu vida, y ésa eterna, con dicha y con descanso.

Punto cuarto.

¡Con qué gozo reconoce su felicidad el que halló el tesoro! Cada día renueva la memoria de su dicha, teniendo muy presente aquella primera alegría; estima toda la vida aquel punto en que salió de miseria, y consagra el feliz día a la eternidad, señalándolo con piedra blanca, y aun preciosa. ¡Qué agradecido le queda al que le dió la noticia! Y ya que no admita parte en las riquezas, ríndele gracias, cuenta una y muchas veces su suerte a los confidentes, congratulándose con ellos de su ventura.

¡Oh, alma, si conocieses tu dicha, cómo la estimarías! Si llegases a entender la infinita preciosidad de este Maná escondido, que es Maná para el gusto y piedra cándida en la dichosa suerte, ¡qué gracias darías al Señor! Repite su memoria cada instante y frecuéntalo cada día; advierte que es tesoro infinito, que nunca se agotará: antes, cada día le hallarás entero, siempre el mismo. Muéstrate agradecida al Señor, que lo reservó para ti; mira no lo pierdas por ingrata, ni lo malogres desconocida: vive de él toda tu vida, que será vivir a Dios por todos los siglos. Amén.

MEDITACIÓN XXXI

Para llegar a la Comunión con el fervor de los dos ciegos que alumbró el Señor.

Punto primero.

Considera cómo se previene de la vista de la fe el fervoroso ciego de Jericó, para conseguir la corporal. Sale en busca del Salvador sin acobardarle el recelo de los tropiezos, ni embargarle la pereza con excusas de imposibilidades; ve que no ve, y ve lo que le importa el ver, y así, sale de su casa dejándose a sí mismo; lo primero, no le falta lengua para gritar, aunque le falten ojos para ver; y quien lengua tiene para confesar sus males, al remedio llegará. Carea la omnipotencia con la misericordia de Jesús, y así, le nombra, empeñándole en tan saludable nombre. «Jesús—dice—, hijo de David el manso, no degeneréis Vos de misericordioso; Jesús, hijo de David, a quien le fue prometido el Salvador, dadme a mí salud; tened, Señor, misericordia de mí; Vos, un Dios infinito, de mí un vil, mosquitillo; Vos sois mi Criador, Vos habéis de ser mi remediador; Vos me disteis lo más, que es el ser: dadme lo menos, que es el ver; no seáis Dios escondido para mí, siendo tan conocido en Judea.» De esta suerte diligencia su remedio, a voces de oración.

Imagínate a ti ciego de tus pasiones, sin ver lo que más te importa, sin conocer a tu Dios y tu Señor. Grande es la ceguera de tu ignorancia, mayor la de tus culpas. Pues mira, ciego, que hoy tienes aquí al mismo Jesús y Salvador, si no en Jericó, en el Altar; da voces si quieres ver; ahora, si deseas salud, para conseguir tan gran bocado; quien lengua tiene para pedir perdón, al Cielo llegará. Acude guiado de la fe, llámale, no ya hijo de David, sino: Jesús, hijo de María (que es mejor), haya misericordia para mí.

Punto segundo.

Veníase acercando el Salvador hacia el ciego; ¡gran dicha no estar lejos el Señor! Perdíale de vista con los ojos del cuerpo, cobrábale con los del alma: válese de la voz cuando no puede la vista; y esforzándola con alientos de favor, prorrumpe en voces de esperanza: «Jesús—dice—, que es decir fuente de salud y de vida, haya para mí una gota; si Vos, Señor, no me remediáis, ¿quién será bastante? No seré yo tan maldito que confíe en algún hombre; no dan vista las criaturas, antes la quitan.» Reñíanle unos y otros, enfadados de sus voces, no experimentados de su miseria; decíanle ellos que callase, y escuchábale Jesús, y daba mayores gritos: «Señor, tened misericordia de mi miseria; si yo no os veo a Vos, Vos bien me veis a mí.» «¿Qué quieres?» — le dice Cristo, para que conozca más su necesidad y su remedio—; y responde él: «¿Qué puedo yo querer sino el veros, que en Vos lo veré todo, Dios mío y todas mis cosas?»

Oye, alma, que contigo habla el mismo Señor, y te dice: «¿Qué quieres? ¿Qué buscas?» Pide mercedes a quien te convida con su Cuerpo y Sangre, porque ¿qué no te dará quien se te da todo? «Yo soy tu blanco, fija en mí la vista;

yo soy tu centro, descansa en mí. ¿Qué quieres?»—
pregunta el Señor. Respóndele tú: «¿Qué puedo yo querer
sino a Vos, el veros y gozaros, recibir y recibiros? Cerrad
mis ojos a la vanidad, abridlos a su blanco.» ¿Qué
quieres? Y es decir: ¿Sabes qué cosa es comulgar? *Scitis,
quid fecerim vobis?*[19]

Punto tercero.

No se mostró menos misericordioso el Señor con el
otro ceguezuelo de su nacimiento; antes, más misterioso,
pues pudiendo con sola su palabra curarle, tomó lodo y
púsoselo en los ojos, haciendo colirio del que parecía
estorbo; cogió tierra y amasóla con su saliva, con que la
convirtió en un terrón de Cielo, y fue remedio la que ya
daño; de los polvos de su humildad, quiso saliese el lodo
para su salud; abrió los ojos cuando parecía se los tapiaba:
con esto y con lavarse alcanzó tan buena vista, que pudo
ver cuanto pudiera desear.

Pondera ahora la ventaja de tu favor, pues no te aplica
el lodo amasado con su saliva, sino su mismo Cuerpo
amasado con Sangre y lleno de su divinidad; ponle, no
sólo en tus ojos, sino dentro de tu pecho; ponle en los ojos
de tu alma con conocimiento y afecto; reconoce que para
darte a ti la vista, te da sus mismos ojos; mira ya con los
de Cristo, habla con su lengua, camina con sus pies, vive
con su vida, diciendo con San Pablo: «Vivo yo, mas ya no
yo, porque Cristo vive en mí; Él es el que mira y Él es el
que habla en mí.» Saca que, si la saliva del Señor obra tan
eficazmente que da la vista a un ciego, ¿qué no obrará en

---

[19] ¿Sabéis lo que os he hecho? Juan 13:12. N. del E.

el que comulga la Carne y Sangre del Señor, unidas con su divinidad?

Punto cuarto.

Recibió tal alegría el ciego con la vista, que iba dando saltos de placer, corriendo a la eterna corona. Volvió luego al Señor, agradecido a lograr la vista, viéndole, que no hay otro que ver; a emplear la lengua ensalzándole. Confesábale por su Dios y Señor, a pesar de aquellos ciegos de envidia; póstrase pecho por el suelo para ensalzar a su Redentor; pone sus rodillas en la tierra, que le fue puesta en los ojos; adora a su Criador y alaba a su Remediador, siempre que abriría los ojos para ver, abriría su boca para agradecer el favor.

¡Oh, con cuánta mayor razón debes tú, alma mía, rendir gracias al Señor de una merced tan divina! Ten fija siempre la memoria en el Señor, para que libres tus pies de los lazos de Satanás; y, pues tienes ojos de fe para ver y conocer a tu Dios y Señor en esta Hostia, trata de hacerte lenguas en celebrarle y ensalzarle por todos los siglos de los siglos. Amén.

MEDITACIÓN XXXII

Para recibir al Señor del modo que fue hospedado en casa de Zacarías.

Punto primero.

Meditarás hoy la humildad de María, la devoción de Isabel, el pasmo de Zacarías, la alegría de Juan y las misericordias del Niño Dios. Considera que desprevenida juzgaría su casa Santa Isabel para recibir a los Reyes del Cielo, que se le entraban por ella. Incrédulo Zacarías a las dichas, y mudo a los aplausos; el niño Juan poco fuera encerrado en la materna clausura, si no lo estuviera más en la cárcel de la culpa. Isabel, por lo anciana, inútil, y por lo preñada, impedida al debido cortejo, viendo esto, acógese a la humildad, y echando por el arbitrio del encogimiento, que es él la mayor preparación para tan grandes huéspedes, suple con humillaciones las faltas de prevenciones.

Pondera tú, que has de comulgar, que viene hoy el mismo Rey y Señor a visitar tu casa; si allí metido en la carroza virginal, aquí en una Hostia; si allí bajo las cortinas de pureza, aquí entre accidentes de pan. Mira cuán desprevenido te hallas, qué falto de las virtudes con que quiere ser agasajado este Señor; y si das en el arbitrio de la humildad, espántate de ver que aquel Señor que ocupa los Cielos, quiera hospedarse en tu pecho: encógete con más causa que Santa Isabel, y suplirás con humildad lo que te falta de devoción.

Punto segundo.

«¿De dónde a mí—dice Santa Isabel, con ser prima y con ser santa—, que la Madre de mi Señor venga a mi casa? ¿Cuándo merecí yo tanta dicha? Yo, menos que esclava; Ella, Reina de los Cielos.» No dijo que el mismo Dios y Señor, que eso no tenía ya ponderación; pero, si con la Madre se confunde, ¿qué sería con el infinito, Eterno, Inmenso y Omnipotente Hijo? Basta este argumento de menor a mayor a concluir a un serafín, cuanto más a una hormiga. ¡Gran palabra ésta de Santa Isabel! Verdadero ejemplar de todos los que comulgan: «¿De dónde a mí?»

Por estas palabras debes tú comenzar, alma mía, cuando has de hospedar un tan alto Señor; repítelas muchas veces: «¿De dónde a mí, un vil gusano, un miserable pecador, un merecedor de nuevos infiernos; a mí, lleno de culpas, ingrato, villano, desconocido; a mí, una hormiguilla de la tierra; a mí, polvo y ceniza; a mí, nada, y aún menos? ¿Y que venga el mismo Dios? ¿Aquí, Infinito, Inmenso y Eterno Señor? ¿Y no sólo a mi casa, sino a mi pecho? ¿Que se entre, no sólo por mis puertas, sino por mis labios? ¿Que penetre, no ya al más escondido retrete, sino a mi corazón? ¿Cómo no me confundo? ¿Cómo no desmayo? Sin duda, que soy insensible.»

Punto tercero.

Atiende cómo agasaja Santa Isabel a su huésped María y cómo corteja el niño Juan al Niño Dios; que en esta casa todo va proporcionado, nadie está ocioso en ella. En viéndose libre de la culpa, Juan da saltos por acercarse al Señor, como quien dice: «¡Oh, venid Vos a mí, Dios mío y Señor mío, o haced de modo que yo pueda acercarme a Vos!» ¡Oh, cómo le abrazara y le apretara y le uniera consigo si pudiera! La voluntad bien se vió; en oyendo Santa Isabel la voz de la purísima Cordera, reconoce Juan al Corderito de Dios, que quita los pecados del mundo. Dio saltos de placer: que no hay contento como salir del pecado.

Pondera tú, que has recibido al Señor: si Juan no cabe de contento dentro las maternas entrañas, por ver que cabe en su casa el infinito Dios, tú, que le has hospedado hoy dentro de tu mismo pecho, ¿qué saltos debías dar de placer en el camino de la virtud, que llegasen a la vida eterna? Si Juan, porque le siente tan cerca de sí, tanto se alboroza, tú, que le tienes dentro de ti mismo, ¡cuánto te debías consolar! Mas, ¡ay, que no sientes ni conoces! Allí se quedó el Señor dentro las entrañas de su Santísima Madre; y aquí se pasa a las tuyas. No se pudo acercar Juan inmediatamente al Señor, con que hizo tan grandes esfuerzos, y tú te acercas tanto, que te unes sacramentalmente con Él. Deseó San Juan llegar a sellar sus labios en los pies de aquel Señor cuyo zapato no se atrevió después, cuando más santo, a desatar, ¡y tú le recibes en tus labios, le metes dentro de tu boca, le tragas y le comes! Procura de vivir de Él, con Él y para Él.

Punto cuarto.

Todos quedaron gozosos y todos agradecidos. Reconoció Isabel a par de su humildad el favor; fue llena del Espíritu Santo en las mercedes y en los clamores, recibiendo y agradeciendo; no disimuló su gozo el niño Juan, cuando así se hace de sentir, y ya que no puede a gritos, a saltos lo publica; era voz del Señor, y empleóse después en sus divinas alabanzas. Cantó la Virgen Madre magnificando al Señor, obrador de mercedes y maravillas.

Alma, no enmudezcas tú entre tantas voces de alabanzas; seas voz de exaltación con Juan, no mudo silencio con Zacarías; abre tu boca al agradecimiento, pues la abriste a la comida; no sea montañez tu pecho en lo retirado, sí cortesano del Cielo en lo agradecido; levanta la voz con Isabel, salta con Juan y engrandécele con María Santísima.

MEDITACIÓN XXXIII

De cómo no halló en Belén donde ser hospedado el Niño Dios, aplicado a la Comunión.

Punto primero.

Considera qué mal dispuestos estaban aquellos ciudadanos de Belén, pues no hospedaron en sus casas a quienes debieran en sus entrañas; habíanse apoderado de ellos la soberbia y la codicia, y así, no les quedó lugar para tan pobres y humildes huéspedes: no ofrecen siquiera un rincón a quien debieran sus corazones. Ciegos del interés, los parientes no ven el bien que se les entra por sus puertas; y los que no reconocen en el pobre a Dios, tampoco conocen a Dios hecho pobre.

Atiende, alma, que hoy ha de llegar a llamar a las puertas de tu casa el mismo Señor: si allí encerrado en la virginal carroza, aquí encubierto en una Hostia; desocupa el corazón de todo lo que es mundo, para dar lugar a todo el Cielo, que un Empíreo había de ser el seno donde se había de hospedar este inmenso Niño. Procura adornarlo de humildad y de pobreza, que éstas son las alhajas de que mucho gusta este gran huésped que esperas.

Punto segundo.

Van buscando los peregrinos del Cielo un rincón del mundo donde alojarse y no le hallan; todos los desconocen, por ser desconocidos; ni aun mirarles, ni escucharles no se dignan. He aquí que no halla cabida en el mundo el que no cabe en los Cielos; y el vil gusano que no tiene cabida en el Cielo, no cabe en el mundo. Iría la Virgen de puerta en puerta, y todas las hallaba cerradas, cuando tan de par en par las del Cielo, de la casa de un pariente pasaba a la de un conocido: hacíanse todos de nuevas, preguntándola quién era. Respondería la Virgen que una pobre peregrina, esposa de un pobre carpintero; y en oyendo tanta pobreza, dábanles con las puertas en los ojos. No digáis así, Señora, que no entiende el mundo ese lenguaje: decid que sois la Princesa de la tierra, la Reina del Cielo, la Emperatriz de todo lo criado.

Mas, ¡ay!, que esos gloriosos títulos que se quedan para tu puerta, ¡oh, alma mía! Advierte, que llega hoy a ella esta Señora, y te pide que la acojas, que le des lugar donde nazca el Niño Dios; mira qué le respondes. ¡Qué de veces le has negado la entrada con más grosería que éstos! Pues con más fe avívala, y considera que el mismo Niño Dios, que iba buscando allí donde nacer, aquí busca quien le reciba; allí, entre velos virginales; aquí, entre blancos accidentes. A las puertas de tu corazón llama, y no hay quien le responda; no halla quien le quiera el querido del Padre Eterno, el deseo de los ángeles. Ea, alma mía, levántate del lecho de tu tibieza, de tus mundanas aficiones; acaba, no empereces, que pasará adelante a otro más dichoso albergue.

Punto tercero.

Estaba el Verbo Encarnado sin tener dónde nacer; no siente tanto que en la que ha de ser su patria le extrañen, cuanto en la que es casa de Pan no le reciban. ¡Oh, cómo le acogerían los ángeles en medio de sus aladas jerarquías! ¡Cómo le albergara el Sol y le ofreciera por tálamo su centro! ¡Cómo el Empíreo se trasladará a la tierra para servirle de palacio! Pero esa dicha a ninguno se la concede: sólo se guarda para ti. ¡Oh, tú, el que llegas a comulgar!, ofrécele a este Niño Sacramentado por albergue tu pecho; rásguense tus entrañas y sírvanle de pañales las telas de tu corazón. Retíranse, a lo último, cansados e injuriados, a un establo, que hizo su centro el Señor por lo pobre y por lo humilde; allí reciben los brutos con humildad al que los hombres despidieron con fiereza; reclinóle su Madre en un pesebre, alternándole en su regazo; descansa entre las pajas el mejor grano, convidando a todos en la casa del Pan, para que todos le coman.

Alma, no seas más insensible que los brutos; el buey reconoce a su Rey: no extrañes tú a tu Dueño, mírale con fe viva, y hallarás que el mismo real y verdaderamente que estaba allí en el pesebre, está aquí en el Altar; cuando mucho, allí llegaras a acariciarle y besarle, aquí a comerle; allí le apretaras con tu seno, aquí le metes dentro de él. Nazca, pues, en tu corazón, y asístanle todas tus potencias, amándole unas y contemplándole otras, sirviéndole y adorándole todas.

Punto cuarto.

No hubo en la tierra quien hospedase al Niño Dios, ni quien, nacido, le cortejase; menester fue bajasen los cortesanos del Cielo; así, ellos cantaron la gloria a Dios y dieron el parabién a los hombres, avisándoles del agradecimiento.

Alma, pues hoy se ha trasladado el Cielo a tu pecho, y el Verbo Eterno, del seno del Padre a tus entrañas, del regazo de su Madre a tu corazón; ¿cómo no te haces lenguas en su alabanza y te deshaces en lágrimas de ternura? Boca que tal manjar ha comido, no está bien tan cerrada; labios bañados con las lágrimas de un Dios Niño, ¿cómo están tan secos? Pide a los ángeles prestadas sus lenguas para imitar sus alabanzas; ora, canta, vocea diciendo: Sea la gloria para Dios, y para mí el fruto dé la paz, con buena y devota voluntad. Amén.

MEDITACIÓN XXXIV

Recibiendo el Santísimo Sacramento como grano de trigo sembrado en tu pecho. «*Nisi granum frumenti*»[20], etc.

Punto primero.

Considera cómo el celestial Agricultor, no sólo se contenta con sembrar su divina palabra en los corazones de sus fieles, sino también el grano Sacramentado en sus entrañas. Suele, pues, el cuidadoso labrador, antes de encomendar el fértil grano al piadoso seno de la tierra, mullirla y cultivarla muy bien; arranca las malas yerbas, porque no le embaracen; quema las espinas, porque no le ahoguen, y aparta las piedras, porque no le sepulten: que tantos contrarios tiene antes de nacer, y muchos más después de nacido.

Advierte que hoy, por gran dicha tuya, ha de caer el grano más fecundo y lo más granado del Cielo, en la humilde tierra de tu pecho, en el campo de tu corazón. Procura, pues, prepararle primero para poder lograrlo; riégalo con lágrimas que le ablanden, arranca los vicios, y

---

[20] Cf. Si el grano de trigo al caer en tierra no muere. Juan 12:24. N. del. E.

de raíz, porque no le estorben; abrasa las espinas de las codicias, porque no le ahoguen; quita los molestos cuidados, porque no le impidan; aparta las piedras de tu frialdad y dureza, porque no le sepulten; para que de esta suerte, bien dispuestos los senos de tus entrañas y desembarazados, reciban este generoso grano que ha de fructificar la gracia y te ha de alimentar con vida eterna.

Punto segundo.

Teniendo ya la tierra preparada, madruga el diligente sembrador; sale al campo, y con liberal mano, va esparciendo el mejor grano de sus trojes; recógelo la tierra en su blando seno, allí lo abriga y lo fomenta; el agua le ministra jugo; el sol, calor; el aire, aliento; comienza el fértil grano a dar señales de vida, va saliendo a luz la virtud que encierra, ensancha sus sentidos y extiéndese a la par hacia el profundo, con humildes raíces que le apoyen, y hacia lo alto, con lozanas verduras que le ensalcen.

Pondera cómo hoy el diligente Agricultor de tu alma traslada del divino Seno al terreno tuyo el más substancial grano, delicias del mismo Cielo; en tu pecho ha caído, abrígale con fervor, riégale con ternura, foméntale con devoción, aliéntale con viva fe, envuélvele con tu esperanza, consérvale en tu fervorosa caridad, para que arraigue en tus entrañas con humildad, crezca en tu alma, coronándola de frutos de gloria.

Punto tercero.

Es mucho de admirar con qué suave fortaleza va el grano de trigo apoderándose de la tierra, penetra su profundidad y rompe la superficie; desprecia el lodo, por que no le ensucie, y puebla el aire donde campee; vence los muchos contrarios que le combaten, las escarchas que querrían marchitarle, las nieves que cubrirle, los hielos que amortiguarle, los vientos que romperle; y triunfando de todos ellos, sube, crece y se descuella. Trueca ya lo verde de sus vistosas esmeraldas, por el rubio color de la espiga, que le corona de oro, sirviéndole de puntas sus aristas. ¡Qué lindas campean las mieses, si ya verdes, ahora doradas, alegrando los ojos de los que las miran, y mucho más de sus dueños, que las logran!

Pondera que si todo esto obra un granito material de trigo en poca tierra, ¿qué no hará el grano Sacramentado, en el pecho del que dignamente le recibe? Dale lugar para que arraigue en tus entrañas, crezca por tus potencias, dilátese en tu corazón, sazónese en tu voluntad, campee en tu entendimiento y corone de frutos de sus gracias tu espíritu. ¡Oh, qué bien parece el campo de tu pecho con las ricas mieses de tantas y tan fervorosas Comuniones! ¡Qué vista tan hermosa para los ángeles, y qué agradable para tu gran Dueño, que es Dios! Sal tú con la consideración a verlo y con alegría a gozarlo; enriquece tu alma de manojos de virtudes, de coronas de gloria.

Punto cuarto.

¡Qué gozosos empuñan las hoces los segadores! ¡Con qué solaz las mueven! Y los que antes salieron con sentimiento a arrojar el grano, ya lo recogen con alegría;

sembraron con el frío, y siegan con el calor; pregonan a gritos su contento; pero, como villanos, son más codiciosos que agradecidos al dador, parando en relinchos profanos las que habían de ser alabanzas divinas.

Alma: tú, que reconoces hoy los frutos de aquel celestial grano, multiplicado a ciento por uno, no imites a éstos en la ingratitud, pero sí en el contento; levanta la voz a los divinos loores; dedíquense los cantares de la exaltación de tu gracia, a la exaltación de su gloria; resuenen el tímpano y el salterio, ya en afectos, ya en voces; corresponda a la infinita liberalidad, eterno, el agradecimiento, rindiendo a deudas de especial gracia, tributos de eterna gloria. Amén.

MEDITACIÓN XXXV

Para recibir el Niño Jesús desterrado al Egipto de tu corazón.

Punto primero.

Contempla qué mal le prueba la tierra al Rey del Cielo; las vulpejas[21] tienen madriguera, y las aves del cielo, nidos; y el Señor no halla dónde descansar; persíguele el hijo de la muerte y del pecado al Autor de la gracia y de la vida: ¡qué presto le hacen dejar la Ciudad de las flores al que nació para las espinas! En brazos de su Madre, va peregrinando a Egipto, región de plagas y de tinieblas; pero ¡qué bárbaros le extrañan los gitanos, y qué poco le agasajan, groseros!; cierran las puertas al bien que se les entra por ellas.

Alma, hoy el mismo Niño Dios se encamina al Egipto de tu corazón: si allí fajado entre mantillas, aquí envuelto entre accidentes; no le trae el temor, sino el amor; no huye de los hijos de los hombres, sino que los busca, poniendo sus delicias en estar con ellos; no le hospedes a lo bárbaro gitano, sino muy a lo cortesano del Cielo; pero, si está tu corazón hecho un Egipto, cubierto de tinieblas de

---

[21] Zorras. N. del E.

145

ignorancia, lleno de ídolos de aficiones, caigan luego por tierra, triunfen las palmas, florezcan las virtudes, broten las fuentes de la gracia y sea ensalzado y adorado el verdadero Dios.

Punto segundo.

Fue largo y muy penoso el viaje de los tres Peregrinos de Jerusalén a Egipto, y peor la acogida; padecieron todas las incomodidades del camino, y no gozaron de los consuelos del descanso. Nadie los quería hospedar, porque los veían pobres y extranjeros, y si entre los parientes y conocidos no hallaron ya posada, ¿qué sería entre extraños y desconocidos? Guardaríanse todos de ellos como de advenedizos, y aun por algo dirían: «Vienen huyendo de su tierra», y acertaran en decir de su Cielo; temen no les roben sus bienes, y pudieran sus corazones; mirábanlos como desterrados; no sabían la causa, y sospechaban lo peor: no conocen el tesoro escondido, ni el bien disimulado, antes se recelan no les hurte la tierra el que viene a darles el Cielo. ¿Dónde se acogerá el Niño Dios Peregrino? ¿Dónde irá a parar?

Alma, a tu corazón se apela; tu pecho escoge por morada; tú, que le conoces, le recibes; llorando viene: enternézcanse tus entrañas; los gitanos le dan con las puertas en los ojos: ábranse de par en par las de tu corazón; oye que llama a tu puerta con llantos y suspiros: acállale con finezas; desterrado viene del seno del Padre al tuyo: mira cuál debería ser la acogida; de las alas de los querubines se traslada a las de tu corazón: no basta cualquier cortejo; esclavina blanca trae, que es su color la pureza: hospédale en medio de tus entrañas, emulación de los mismos Cielos.

Punto tercero.

Siete años estuvieron desterrados en Egipto los paisanos del Cielo; ¡qué desconocidos de los hombres, qué asistidos de los ángeles! ¡Pero qué poco se aprovecharon los gitanos de su compañía en tanto tiempo! Así salió el Señor de entre ellos como se vino, y así acontece a muchos cuando comulgan. No bastó el agrado del Niño Dios, la apacibilidad de la Virgen, ni el buen trato de San José para ganarlos; fueron tan desdichados como desconocidos; y siquiera, pues se comían los dioses que adoraban, o adoraban por deidades las cosas que se comían, bien pudieran adorar por Dios a un Señor que se había de dar en comida.

Pondera cuántos hay que reciben al Señor a lo gitano, y más fríamente, que ni le asisten ni le cortejan: no más de entrar y salir, sin lograr tanto bien como pudieran; están muy metidos en su Egipto, y casados con el mundo, no perciben los bienes eternos. No recibas tú al Señor a lo de Egipto, pues le conoces a lo del Cielo, aunque ya podrías recibirle a lo gitano, comiéndote a tu Dios y teniendo por Dios a un Señor que es tu regalo y comida; aviva la fe, conócele, que aunque viene tan disimulado, es Rey de la celestial Jerusalén. Procura no perder el fruto, no sólo de siete horas, sino de siete años de su morada en tu pecho, y aun de toda la vida, empleándola en tan devotas cuan frecuentes Comuniones.

Punto cuarto.

No hacen sentimiento los gitanos al ver que se les va y los deja el Niño Dios; no le ruegan se quede los que no desearon qué viniese; no sienten su partida los que no desearon su llegada ni estimaron su asistencia. No querría, ¡oh, tú, que has hospedado hoy a este mismo Señor!, que fueses tan desgraciado como desagradecido. ¡Oh, qué poco rastro queda en algunos de haber morado este Señor en su pecho! ¡Qué poco quedan oliendo a Dios! ¡Y cuán presto al mundo!: que poco provecho sacan de sus Comuniones, cuando pudieran tanto Cielo.

Procura quede en ti muy fresca la memoria, muy afectuosa la voluntad, muy reconocido el entendimiento de haber entrado y de haber morado este Señor en tu pecho. ¡Oh, qué lindo Niño recibiste!; mira no se te vaya; queda muy cariñoso de su dulce presencia; suspira por volverle a recibir, y si no le conociste la primera vez, procura lograrle en las Comuniones siguientes.

MEDITACIÓN XXXVI

Del convite de las bodas de Cana, aplicado a la Comunión.

Punto primero.

Considera que si en otras bodas todo huele a profanidades de mundo, en éstas todo a puntualidades de Cielo. Atenta devoción de desposados convidar al Salvador, para que principios de virtud afiancen progresos de felicidad; ni se olvidaron de su Santísima Madre, que fue asegurar estrella. Asistieron también los Apóstoles, en gran argumento de la generosa caridad de los desposados; pues faltándoles su caudal para lo posible, les sobra el ánimo para lo generoso. Gran disposición ésta para haber de hospedar a Jesús, y sentarle a su mesa para merecer sus misericordias; reálzase más el mérito cuanto tenían menos experiencia de las maravillas de Cristo: no le habían visto aún obrar milagro alguno, pero merecieron que comenzase.

Advierte que si has de hospedar hoy en tu casa y en tu pecho al mismo Jesús, tu Señor y todo tu remedio, Esposo y convidado a las bodas de tu alma, que es preciso disponerte con otras tantas virtudes como éstas, y sea la primera una viva fe, sígala una ardiente caridad, con una segura confianza, que le convide a obrar iguales maravillas.

Punto segundo.

Pero es mucho de considerar cómo falta el vino a lo mejor del convite, y en él, la significada alegría, ordinario azar de los mundanos placeres: desaparecer en un momento, dejando con la miel en los labios y con la hiel en el corazón; y no hacen más que brindar con el vino para llenarse de veneno. Acuden desengañados estos de Caná a procurar los gustos del Cielo, que son verdaderos; ponen por medianera a la Madre, gran arbitrio para asegurar las misericordias de su Hijo; no se dice gastasen tiempo ni palabras en representar su necesidad a esta Señora, que, como tan piadosa, bástala el conocerla. Acudieron ellos a María, y María a Jesús, que es el orden del divino despacho.

Hoy, alma, con el mismo desengaño y no menor experiencia, acude en busca del celestial consuelo, que la fuente de él aquí mana, en el altar, y sobre ser el mejor vino, tiene la excelencia de perenne, y aunque parece nuevo, es eterno. Deja los falsos contentos de la tierra, antes que ellos te hayan de dejar; mira que a lo mejor desaparecen, y sólo Dios permanece; ellos no hartan: este divino manjar es el que satisface.

Punto tercero.

Compasivo el Señor siempre, y ahora obligado de la súplica de su Madre, da tan presto principio a sus divinas maravillas como a los humanos remedios; convierte el agua en vino, esto es, los sinsabores de la tierra en consuelos del Cielo. Fue generoso el licor, cómo símbolo de este divino Sacramento y don de tan generosa mano, que dádivas de Dios siempre fueron cumplidas; comienzan unos y otros a lograrle y juntamente a celebrarle, sin que se desperdicie una gota; todos le gustan y todos se maravillan, quedando muy satisfechos del convite con tan buen dejo. Pondera cuánto más milagroso favor obra hoy el Señor con los convidados a su Mesa, y cuánto es más precioso su sabor; gusta, y verás cuánto más regalado es este vino con que te brinda. Aquél fue obra de su omnipotencia, éste de su infinito amor; allí, para sacar aquel vino, abrió el Señor su mano poderosa, pero aquí rasgó su pecho; allí llenaron primero las hidrias de agua, aquí has de llenar de lágrimas tu pecho; si tanto estimó la Esposa el haberla introducido el Rey en la oficina de sus vinos, que son los divinos consuelos, ¡cuánto más debes tú hoy reconocer el favor de haberte franqueado los perennes manantiales de su Sangre!

Llegad, almas carísimas, con sed, y bebed hasta embriagaros del divino amor; y di tú con el Architriclino[22]: «¡Oh, quién hubiera logrado mucho antes esta Mesa!, ¡oh, quién hubiera frecuentado desde el principio de su vida y muchas veces este divinísimo Sacramento!»

Punto cuarto.

Fueron afectos de tan excelente vino, agradecidos efectos a su Autor. Luego que supieron el prodigio, lo publicaron; mas los desposados, viéndose tan

---

[22] Entre griegos y romanos, persona encargada de ordenar los banquetes y de dirigir el servicio de la mesa. N. del E.

imposibilitados al desempeño como obligados del favor, correspondieron con repetidos agradecimientos a Cristo, y a los demás con aplausos, y con razón, que un tan generoso vino que produce lirios castos, debía ser pregonado en la tierra y en el Cielo. Entre todos, la Inventora de la pureza, dió las gracias por todos, recambiando los rayos de leche purísima que ministró a su Hijo, en la preciosidad de tan puros raudales que hoy recibió.

Almas, suplicad a esta Señora os ayude al desempeño de tan aventajados favores, en adelantados agradecimientos; que al mayor de los prodigios en gracia y en fineza, no se cumple sino con singulares alabanzas. ¡Oh, si correspondiesen las gracias a la gracia!; que si aquél fue el primero de las señales de Cristo, éste fue el sello de sus finezas y el triunfo de su amor.

MEDITACIÓN XXXVII

Para recibir al Niño Jesús, perdido y hallado en el Templo.

Punto primero.

Meditarás qué afligida se hallaría hoy tal Madre sin tal Hijo, tan desconsolada cuan sola; la misma soledad duplica el sentimiento, pues falta quien ha de ser el consuelo de todas las demás pérdidas; no puede reposar, que sin Jesús no hay centro; no admite consuelo, que no hay con qué suplir faltas de Dios. Dicen que ojos que no ven, no quebrantan el corazón; aquí sí, porque no ven, fuentes son de agua sus ojos, porque les falta su lumbre. Arroja tiernos suspiros, reclamos del ausente Dios; conoce bien lo mucho que ha perdido, y así pone tanta diligencia en buscarlo.

Pondera tú, alma mía, que si el perder a Jesús sólo de vista causa tal sentimiento en su Madre, qué dolor será bastante al perderle de gracia; y cuando no sea tanta tu desdicha, llora el haberte ausentado por tibieza; parte luego a buscarle con alas de deseos; llámale con suspiros; cuéstete siquiera una lágrima el hallarle; y si no comió la Virgen ni durmió hasta hallarle, cómetele tú en hallándole y duerme en santa contemplación.

Punto segundo.

Sale la Virgen Madre en busca de su Hijo Dios, tan deseado cuan amado; no le busca como la Esposa en el lecho de su descanso, sino entra la mirra primero; gimiendo va la solitaria tortolilla en busca de su bien ausente; su voz se ha oído en nuestra tierra, que llegó el tiempo de la mortificación; balando va la cándida Cordera, preguntando por el Corderito de Dios, que ya otra vez quiso tragarle Herodes, lobo carnicero; pregunta a los parientes y conocidos, que ellos deberían saber de él; acude al Templo, y lo acierta, que es seguro haber de hallar un buen hijo en casa de su buen Padre.

Aprende, alma, esta disciplina y el modo de hallar a Dios; no le hallarás en el ruido de las calles, menos en el bullicio de las plazas; no entre mundanos amigos ni parientes, sino en el Templo, que es casa de oración; sea la iglesia tu centro; búscale en los Sagrarios, que allí le tiene encarcelado el amor; cuéstente lágrimas los gozos, y penas los consuelos; llámale con suspiros y lograrás sus favores.

Punto tercero.

Entra la Virgen en el Templo, y descubre en medio de los doctores la Sabiduría del Padre; fue su contento desquite de su dolor: bienaventurados los que lloran, pues son tan consolados después. Enjugó las lágrimas de la Aurora el amanecido Sol; serenóse aquel diluvio de llanto al aparecer aquel arco de paz, que es grande el gozo de hallar a Dios en quien le desea, al paso que le conoce. ¡Qué abrazos le daría!; ¡cómo le apretaría en su seno, diciendo con la Esposa!: «Hacecito de mirra fue mi Amado cuando perdido; ya es manojito de flores, hallado; entre mis pechos permanecerá.» Tres días le costó de hallar, y entre ellos tres mil suspiros, lágrimas y diligencias, oraciones y dolores, para que estimase más el hallado tesoro.

Advierte, alma, que no te cuesta a ti tanto el hallar este Señor, pues siempre que quieres le tienes siempre en el Altar; mira qué a mano y qué a boca; pero no querría que esa misma facilidad en hallarle fuese ocasión de no estimarle, no digo ya de perderle; recíbele hoy con los afectos y ternuras que su Santísima Madre; sella en El tus labios, que no sólo se te permite que le adores, sino que le comas; no sólo que le abraces, sino que le tragues; guárdale en tu pecho, y enciérrale dentro de él; repite con la Esposa: «Manojito de mirra es mi Amado para mí; entre mis pechos morará», ya del entendimiento, ya de voluntad; aquél contemplándole, e inflamándose ésta.

Punto cuarto.

Fue siempre la Virgen Madre tan agradecida cuan graciosa; volvería a entonar a Dios otro cántico nuevo, por haberla vuelto de nuevo su amado Jesús; vino en alas de un corazón afectuoso; volvería en pasos de una giganta agradecida, celebrando las misericordias del Señor; congratularíase ya con los ángeles de dichosa, por haber hallado la gracia de las gracias y la fuente de todas ellas. ¡Cómo guardaría a su Niño Dios en adelante, nunca perdiéndole de vista, previniendo con agradecimiento los riesgos de volverle a perder!

¡Oh, alma mía!, tú, que has hallado hoy en el Altar este mismo Señor, asistido de almas puras, alternadas con los ángeles, rodeada de sabios querubines, en vez de los doctores; tú, que te hallas con el Niño Dios dentro de tu pecho, ¿qué cántico deberías entonar? Conózcase en tu agradecimiento la estimación del hallazgo; no seas desagradecida, si no quieres ser desgraciada; mira no le pierdas otra vez, con riesgo de perderle para siempre; guárdale dentro de tu corazón, pues es todo tu tesoro; mira no abras puerta a las culpas, que te lo robarán.

MEDITACIÓN XXXVIII

Del convite en que sirvieron los ángeles al Señor en el desierto, aplicado al Sacramento.

Punto primero.

Considera cómo se retira Cristo, nuestro Bien, del bullicio del mundo para vacar[23] a su Eterno Padre; ayuna cuarenta días, enseñándonos a hermanar la mortificación con la oración, las dos alas para volar al reino de Dios; lo que carece el cuerpo de comida, se sacia el espíritu de los divinos consuelos. ¡Pero qué buena preparación toda ésta, de oración y ayuno, desierto y Cielo, aspereza y contemplación, para merecer el regalo que le envía su Eterno Padre! Los ángeles le traen a los que como ángeles viven.

Aprende, alma, lo que tu divino Maestro obrando te enseña; menester es disponerte con esta preparación de virtudes, para sentarte a la Mesa de sus delicias; huye de los hombres para que te favorezcan los ángeles; sea tu conversación en el Cielo, pues te alimentas del Pan de allá;

---

[23] Dedicarse o entregarse enteramente a un ejercicio determinado. N. del E.

prívate de los manjares terrenos y así gustarás más del celestial. Saca un gran cariño al retiro, a la oración, a la mortificación, a la aspereza de vida, y lograrás con gusto este divino banquete.

Punto segundo.

Pero, no sólo precedió el ayuno de tantos días al regalo del Cielo, sino el haber conseguido tres ilustres victorias de los tres mayores enemigos, enseñándonos a vencer antes de comulgar; preceda la victoria al triunfo; quede vencida la carne en sus comidas, el mundo en sus riquezas y el demonio en sus soberbias; triunfe toda nuestra vida del deleite, del interés y de la soberbia. No admitió el Señor el falso convite del demonio, y por ello logró el que le sirvieron los ángeles; aquél le ofrecía piedras por pan, y éstos le presentan pan por piedras. Siéntase a la mesa del rey el que venció reyes.

Considérate hoy convidado en el desierto de este mundo al Pan del Cielo; a la Mesa del Rey te has de sentar; mira si has vencido reyes, los vicios que en ti reinaban; no llegues con los hierros de cautivo a la Mesa de la libertad de hijo de Dios. Quien ha de comer con Dios y al mismo Dios, no ha de llegar harto de las comidas del mundo: que no gustarás del Pan de los ángeles si llegas empachado de las piedras de Satanás.

Punto tercero.

Sintió hambre, como hombre, el Hijo de Dios; pero el Eterno Padre, que envió a su Profeta un pan con un cuervo, hoy envía a su Hijo muy amado la comida con sus alados ministros. Qué manjar fuese éste, no se dice;

quédese a tu contemplación: lo cierto es que no faltaría pan donde intervenían ángeles, y que con un Hijo hambriento y tan amado, mucho se aventajaría este divino Padre al del pródigo. Pero por regalada que fuese aquella comida de los ángeles, no llegaría a la que hoy te ofrece a ti el mismo Señor de ellos; convidado te tiene, y Él mismo se te da en manjar.

Pondera con qué gozo te sentaras al lado del Señor en el desierto, con qué gusto comieras de aquel pan venido del Cielo: pues aviva la fe, y entiende que aquí tienes al mismo Señor, con Él comes y le comes, Él es el que te convida y el convite. ¡Oh, si le comieses tan hambriento como lo está el Señor de tu corazón! Mira que es regalo del Cielo; cómele con apetito de allá; come como ángel, pues los ángeles te sirven y te envidian.

Punto cuarto.

Dió el Señor gracias de Hijo al que se le había mostrado tan buen Padre, eternas como a eterno, y cumplidas como a tan liberal. Levantaría los ojos, como otras veces, al Cielo, y realzando los del alma, los fijaría en aquellas liberales manos de su Padre, celebrando el querer con el poder. Reconocería el entendimiento estimaciones, y lograría la voluntad continuos afectos. Entonaría himnos, que proseguirían los coros angélicos, empleando todas sus fuerzas y potencias en agradecer el bien que todas habían participado.

Imita, ¡oh, alma mía!, a este Señor en dar gracias, pues eres igual en recibir favores; agradece al Eterno Padre el haberte tratado como a hijo. ¿Qué mucho resuenen cánticos de alabanzas en una boca de quien el Verbo Eterno fue manjar? Regüelde tu corazón una buena palabra, y hablen tus labios de la abundancia de tu corazón; conózcase en todas tus potencias el vigor que han cobrado con este divino manjar.

MEDITACIÓN XXXIX

Para recibir al Señor con el triunfo de las palmas.

Punto primero.

Atiende cómo salen los humildes a recibir al humilde Jesús, los pobres al pobre, los niños al pequeño, y los mansos al Cordero. Salen con ramos de olivo, pronosticando la paz, y con palmas la victoria. No salen los ricos, detenidos con grillos de oro; no los soberbios, que adoran al ídolo de su vanidad; ni los regalados, cuyo dios es su vientre; así, que los humildes son los que se llevan la palma y aun el Cielo. Tienden las capas por el suelo para que pase el Señor, que de ordinario más dan a Dios en el pobre los que menos tienen, y al mundo los que más. Colma el Señor su alabanza de las voces de los niños, que con la leche en los labios dicen la verdad, muy lejos de la lisonja; de suerte, que todo este triunfo de Cristo se compone de humildad, pobreza, inocencia, candidez y verdad.

¡Oh, tú, alma, que has de recibir al mismo Señor en tu pecho!; mira que sea con triunfo de virtudes, que no hay disposición más conveniente que la humildad de los Apóstoles, la llaneza de una plebe, la mansedumbre de un bruto, la inocencia de unos pescadores, para la llaneza de un humanado Dios.

Punto segundo.

«¿Quién es éste que entra con tanto ruidoso séquito?», preguntan los soberbios; y responden los humildes, que le conocen mejor: «Éste es Jesús de Nazaret.» Harto responden con decir Salvador y florido; pero responda el Real Profeta, y diga: «Éste que viene sentado en un jumentillo, es el entronizado sobre las plumas de los querubines.» Responda la Esposa; «Éste, blanco con su inocencia, y colorado con su caridad, es el escogido entre millares.» Diga Pablo; «Éste que cortejan los pueblos es el adorado de los coros angélicos.» Hable Isaías; «Éste que va rodeado de infantes, es el Dios de los ejércitos.»

Mas, ¡oh, tú, alma!, pregunta: ¿quién es este Señor que hoy se entra por los senos de mi pecho triunfando de mi corazón? Oye cómo te responde la fe: «Éste que viene encerrado en una Hostia, es aquel inmenso Dios que no cabe en el Universo; Éste que viene bajo los velos de los accidentes, es el espejo en quien se mira el Padre; Éste que adorna tus potencias, es el que cortejan las aladas jerarquías. Si los pueblos, sin conocerle, así le cortejan; si los niños le aclaman, tú, que le conoces, ¿con qué aparato le debes recibir?, ¿con qué pompa colocar en el trono de tu corazón?

Punto tercero.

Conmuévese toda la ciudad, admirando unos el triunfo y festejándole otros. Conmuévase todo tu interior: el entendimiento admire, y la voluntad arda; llénese tu corazón de gozo y tus entrañas de ternura; dé voces la lengua, y aplaudan las manos; si allí arrojan las capas por el suelo, tiéndanse aquí las telas del corazón; aquéllos tremolan palmas coronadas, levanta tú palmas victoriosas de tus rendidas pasiones, ramos de la paz interior; dejan los infantes tiernos los pechos de sus madres, y con lenguas balbucientes festejan a su Criador; renuncia tú los pechos de tu madrastra, la tierra, y emplea tus labios en cantar, diciendo: «Bendito seáis, Rey mío y Señor mío, que venís triunfando en nombre del Señor; seáis tan bien llegado a mis entrañas, cuan deseado de mi corazón: triunfad de mi alma y todas sus potencias, consagrándolas de hoy más a vuestro aplauso y obsequio.»

Punto cuarto.

Mas, ¡ay! Que después de tan aclamado Cristo de todos, de ninguno fue recibido; no se halló quien le ofreciese ni un rincón de su casa, ni un bocado de su mesa; todo el aplauso paró en voces, no llegó, a las obras. Desampaáronle en la necesidad los que le asistieron en el triunfo; en un instante no pareció ni un solo niño, que así desaparecen en un punto los humanos favores. Solo está el Señor en la casa de su Padre, que siempre está patente a sus hijos.

¡Oh, qué buena ocasión esta, alma mía, para llegar tú y ofrecerle tu pobre morada!; recíbele con aplauso, cortéjale con perseverancia, ofrécele tu casa, que, como tan gran Rey, Él pondrá la comida y te sentará a su lado; y en vez de la leche de niño que dejaste, te brindará con el vino de los varones fuertes. La boca que se cerró a los deleites profanos, ábrase a las alabanzas divinas; prosiga la lengua que le come en ensalzarle, y corresponda al gusto el justo agradecimiento; no seas tú de aquellos que hoy le reciben con triunfo y mañana le sacan a crucificar.

MEDITACIÓN XL

Caréase la buena disposición de Juan y la mala de Judas en la Cena del Señor.

Punto primero.

Meditarás cuán mal dispuesto llega Judas a la Sagrada Comunión, cuán bien preparado Juan; infiel aquél y traidor, revolvióle las entrañas la comida; el amado Juan y fiel discípulo sosiégala en el pecho de su Maestro. Ciego aquél de su codicia, trata vender el Pan de los ángeles a los demonios; atento Juan, y con ojos de águila, le guarda, Contemplándole en el mejor seno; trueca Judas la comida, recambiando el más divino favor en el más inhumano agradecimiento; reposa Juan recostado en el pecho de su Maestro.

Pondera cuántas veces has llegado tú a la Sagrada Comunión como Judas, cuán pocas como Juan; qué aficionado a los bienes terrenos, qué perdido por los viles deleites; con la traición en el cuerpo de trocar por un vil interés, por una infame venganza, por un sucio deleite, la riqueza de los Cielos, el Cordero de Dios, la alegría de los ángeles. Escarmienta en adelante y procura llegar, no como Judas, alevoso, sino como Juan, estimador de los divinos favores, logrando dichas y gozando premios.

Punto segundo.

Salió Judas la puerta afuera en habiendo encerrado el Cordero de Dios en sus desapiadadas entrañas; trueca un cielo por un infierno; no reposa como Juan, que no hay descanso en las culpas. Hecho, pues, de discípulo regalado del Señor, adalid de sus contrarios, sale de entre los mayores amigos y vase a los enemigos: tan a los extremos llega el que cae de un tan alto puesto. «¿Qué me queréis dar por aquel hombre — les dice—, que por bien poco os lo venderé? Dadme lo que quisiereis, y será vuestro.» Y responderíanle los enemigos: «Para lo que él vale, por cualquier precio es caro.»

Pondera ahora el increíble desprecio que hacen los pecadores, de Dios, qué poco estiman lo que más vale; prefirieron un vil deleite, que ya es mucho un Barrabás; y esto sucede cada día. Imagina tú, alma, que acercándote a Judas, le dices: «Véndemele a mí, traidor, que yo te le pagaré con el alma y con la vida; yo te daré cuanto hay y cuanto soy, porque es mi Dios y todas mis cosas; yo conozco lo que vale y cuánto me importa.» Cómprale, alma, por cualquier precio y cómele como pan comprado, que es más sabroso, o como hurtado, que es más dulce. Mas, ¡ay!, que no tienes que Comprarle, que de balde se te da vendido, y comprado sin plata el manjar que no tiene precio; pero mira que no le vendas tú a precio de tus gustos, no vuelvas al vómito de tus pecados.

Punto tercero.

Carea ahora la infinita bondad del Salvador con la mayor inquietud de Judas, su benignidad con la ingratitud, su mansedumbre con la fiereza. Llega Judas al Huerto, si antes de flores, ya de espinas, hecho adalid de los verdugos y entre los malos el peor, vase acercando a Cristo con el cuerpo; cuando apartándose más con el espíritu; y muy descarado, sella en el divino rostro sus inmundos labios. ¡Oh, mal empleada mejilla, que desean mirar los ángeles!; no le huye el rostro quien se le entregó ya en comida; no le asquea la boca quien le depositó en sus entrañas; antes, con el agrado de un Cordero, le llama amigo; bastara a enternecer un diamante y había para humanar un tigre; mas ¡oh, dureza de un pecador obstinado! «Amigo—dice—, ¿a qué viniste?» No supo ni tuvo qué responderle Judas.

Respóndele tú cuando llegues a comulgar; advierte cómo te pregunta: «Amigo, ¿a qué vienes: a recibirme, o a venderme? ¿Vienes como el querido Juan, o como el traidor Judas?» ¿Qué le respondes tú? ¿Qué te dice la conciencia? Considera que al mismo Señor tienes aquí en la Hostia, que allí en el Huerto; y no sólo llegas a besarle, sino a recibirle y a comerle. Mira no llegues enemigo, sino afectuoso; no a prenderle, sino a aprisionarle en tu corazón; no a echarle la soga al cuello y a las manos, sino las vendas del amor. Saca llegar con una reverencia amorosa y con un gozo fiel a recibir y llevarte este mansísimo Cordero.

Punto cuarto.

No dió gracias después de la Santa Cena el que comió sacrílegamente; ¿cómo había de ser agradecido un fingido? Vendió el pan de los amigos a los mayores enemigos, que fue echarlo a los perros rabiosos; la margarita más preciosa, a los más inmundos brutos; pero es de ponderar en qué paró: él mismo se dió el castigo, siendo verdugo de su cuerpo el que lo fue de su alma. Sacó la muerte del Pan de vida, echó aquellas impuras entrañas en castigo de su sacrílega Comunión.

Considera el primero que comulgó indignamente cómo fue castigado: pagólo con ambas vidas; sea, pues, su castigo tu escarmiento; procura ser agradecido, para ser perdonado; desanúdese tu garganta a las alabanzas debidas, no sea lazo de suspensión; labios que se sellaron en el carrillo de Cristo, con verdaderas señas de paz, despliéguense en cánticos de agradecida devoción en el día que comulgas; no des luego la puerta afuera con el Señor en el pecho, como Judas; sosiégate en la contemplación como el discípulo amado.

MEDITACIÓN XLI

Para comulgar en algún paso de la Sagrada Pasión.

Punto primero.

C onsidera cómo Cristo, Señor Nuestro, en aquella memorable noche de su partida, cariñoso de quedarse con los hombres y deseoso de perpetuar la memoria de su Pasión, halló modo para cumplir con su memoria y con su afecto; eternizó, pues, su amor y su dolor en este maravilloso Sacramento, para que fuese centro de sus finezas y memorial de su Pasión. Encarga, pues, a todos los que le reciben, que renueven la memoria de lo que nos amó, y juntamente de lo que padeció.

Llega, pues, ¡oh, tú, que has de comulgar!, y recibe a tu Dios y Señor Sacramentado, entre finezas y dolores; gústale sazonado entre sus sinsabores, para tu mayor sabor; dulcísimo entre amarguras, entre penas más gustoso, y cuanto por ti más envilecido, tanto de ti más amado. Contémplale en algún paso de su sagrada Pasión, y recíbele, ya regando el Huerto con su Sangre, y tu alma con su gracia; ya preso, maniatado con las sogas crueles del odio, sobre los estrechos lazos del amor; ya como flor del campo ajada, sonroseado a bofetadas su divino rostro, porque campeen más las rosas de sus mejillas a par de las espinas de su cabeza. Contémplale, tal vez, amarrado a una columna, hecho un *non plus ultra*[24] del amar y padecer; abierto a azotes su cuerpo, y que mana un tal diluvio de sangre de la cruda tempestad de tus culpas; y escarnecido de los hombres, el deseado de los ángeles; empañado con sucias salivas, el espejo sin mancha, en quien se mira y se complace su Eterno Padre; ya llevando sobre sus hombros el leño, cual otro Isaac la leña al sacrificio; finalmente, levantado en una Cruz, con los brazos siempre abiertos para el perdón y clavados para el castigo; fijos los pies para esperarte a pie quedó, e inclinando la cabeza para llamarte continuamente. De este modo, cuando comulgares, harás conmemoración tierna de su Pasión acerba, con tu compasión afectuosa.

Punto segundo.

Aviva, pues, tu fe, y levanta tu contemplación, que el mismo Dios y Señor, real y verdaderamente, que estaba allí padeciendo en aquel paso que meditas, Él mismo en persona está aquí en el Sacramento que recibes; el mismo Jesús, tu bien, que estaba en el Calvario, le encierras en tu pecho. Considera, pues, si te hallaras allí presente con la fe que ahora tienes, con el conocimiento que alcanzas en la ocasión que meditas, en el paso que contemplas, con qué afecto te llegaras a tu Señor, aunque fuera rompiendo por medio de aquellos inhumanos verdugos. ¿Con qué ternura le hablaras? ¿Qué razones le dijeras? ¿Cómo le abrazaras? ¿Cómo te compadecieras de lo que padecía Él, y por ti? Acogiérasle en tu regazo y te le llevaras,

---

[24] Loc. lat. que significa literalmente 'no más allá'. N. del. E.

hurtándole a la fiereza de los tormentos, y restituyéndole al descanso de tus entrañas.

¡Oh, alma! Pues sabes, como lo crees, que este Señor es el mismo que Aquél, haz aquí lo mismo que allí hicieras; mira que aun llegas a tiempo. Imagina, cuando comulgas, que llegas al Huerto y que le enjugas el copioso sudor sangriento con las telas de tu corazón; que te acercas a la columna y le desatas para enlazarle en tus brazos y curarle las heridas, poniendo en cada una un pedazo de tu corazón; haz cuenta que le aprietas en tu seno coronado, aunque te espines, y que le sientas en el trono de tu pecho, que le trasladas de los brazos de la Cruz, donde con tanto afán pende, a tus entrañas, donde descanse. Comulga una vez en el Huerto y otra en la columna; hoy en la calle de la Amargura y mañana en el Calvario, avivando con la fe tu devoción.

Punto tercero[25].

¡Oh, cuánto hubieras apreciado el haber asistido a todos aquellos lastimosos trances de tu Redención! ¡Oh, cómo hubieras logrado tu dicha, aunque penosa, de haberte hallado presente en todas aquellas ocasiones en que padecía el Señor! ¡Oh, quién se hubiera hallado— repites muchas veces— con el afecto que ahora tengo en aquellos doloridos pasos de la Pasión! Pues advierte que no llegas tarde; aún vienes a sazón; aquí tienes al mismo Señor que allí sufría, y sino padeciendo los dolores, representándolos para que tú te compadezcas; y si allí cuando le vieras con la vestidura blanca, llamándole todos

---

[25] Esta meditación y algunas posteriores solo tienen tres puntos. N. del E.

el amente[26], tú dijeras: «No es sino mi amante»; y cuando al pie de la Columna, caído, revolcándose en la balsa de su sangre, alargaras tus dos manos para ayudarle a levantar, cuando los demás a caer; si oyeras decir al presidente en un balcón: «He aquí el hombre», gritaras tú diciendo: «Mi Bien es, mi Esposo, mi Amado, mi Criador y Señor»; y cuando nadie le quería y todos le trocaban por Barrabás, tú exclamaras y dijeras: «Yo le quiero, yo le deseo, dádmele a mí, que mío es, mi Dios y todas mis cosas.»

Pondera que si esto hicieras entonces, y así estimaras tu suerte, logra y agradece hoy haber llegado a la Sagrada Comunión, que si entonces dieras gracias por haberle recibido lastimado entre tus brazos, ríndelas mayores de haberle metido dentro de tu pecho, sacramentado; si tuvieras a gran favor llegar fervoroso a adorar aquellas llagas, reconócelo aventajado en haber llegado a comerlas; estima, ya que no haber acogido en tus brazos aquel hacecito de mirra, sí de medio a medio en tus entrañas, no sólo pegado al pecho, sino dentro de él y muy unido con tu corazón. De este modo puedes llegar a comulgar, recibiendo al Señor un día en un paso de la Pasión, y otro día en el otro; ya preso, ya azotado, escupido, coronado, escarnecido, clavado, ahelado, muerto y sepultado en el sepulcro nuevo de tu pecho.

---

[26] Demente. N. del E.

MEDITACIÓN XLII

Para comulgar con la licencia de Santo Tomás, de tocar el Costado de Cristo.

Punto primero.

Advierte cómo este Apóstol, por su singularidad, perdió el favor divino hecho a toda la comunidad, que quien se aparta de la compañía de los buenos, suele quedarse muy a solas; enturbióse en la fe y resfrióse en la caridad; pasó luego de tibio a incrédulo, que quien no sube en virtud, va luego rodando de culpa en culpa; cegó Tomás en el alma porque no vió el Sol resucitado entre los arreboles de sus vistosas llagas. Nególas en su Maestro, y abriólas en sí mismo; buscaba consuelo a su corta dicha, en su corta fe de no haber gozado de la visita del Señor en la obstinación de negarle resucitado. ¡Qué mala disposición ésta para obligar a Cristo repita sus favores! Poco lisonjea las llagas quien así renueva los dolores, no advirtiendo que más las abre cuanto más las niega.

¡Oh, alma mía!: como que compite con la de Tomás tu tibieza, y ojalá no la excediese, ¡qué mala preparación la tuya para merecer hoy la Visita del Señor, si allí resucitado, aquí sacramentado! Cuando los demás gozan de los frutos de la paz, tú te quedas en la guerra del

175

espíritu. Aviva tu fe, alienta tu esperanza, enciende la caridad en la fervorosa oración.

Punto segundo.

Compasivo el Señor, si incrédulo Tomás, al cabo de ocho días de prueba para purificar sus deseos, dignase de favorecerle, en compañía ya de sus hermanos, que poco importa estén cerradas las puertas del Cenáculo, cuando las de sus llagas están tan abiertas y su costado de par en par. Métese en medio de los Apóstoles, como centro donde han de ir a parar sus corazones; fijó los ojos en Tomás, que fue abrirle los del alma; mándale que se acerque, pues por estar tan lejos de su divino calor, tenía tan helado su espíritu; dícele alárgue su mano, señal que no le había dejado del todo de la suya: «Mete el dedo—le insta— en este costado, y haz la prueba hasta llegar al corazón, que él con su fuego deshará el hielo de tu tibieza.»

Pondera la gran misericordia del Redentor, que por salvar un alma recibirá de nuevo las heridas, y hoy, por curar un Apóstol las renueva; a Tomás, helado, las franquea, cuando a la Magdalena, fervorosa, las retira: que son para los flacos las blanduras, cuando para los fuertes las pruebas.

Advierte, alma, que al mismo Cristo, gloriosamente llagado, tienes dentro de esta Hostia; oye lo que te dice: «Acércate a Mí, recíbeme y tócame, no ya con los dedos, sino con tus labios; no con la mano grosera, sino con tu lengua cortés, con tu corazón amartelado[27]; pruebe tu paladar a qué saben estas llagas; pega esos labios

---

[27] Exceso de galantería o rendimiento amoroso. N. del E.

sedientos a la fuente de este Costado abierto; apáguese la sed de tus deseos en este manantial de consuelos.» Aviva tu fe y estima tu dicha, que si Tomás llegó a meter el dedo en el Costado del Señor, aquí todo Cristo se mete dentro de tu pecho; no pierdas ocasión, tócale todas sus llagas, estimando tan aventajados favores.

Punto tercero.

En tocando Tomás la piedra, Cristo, con el hierro de su incredulidad, saltó fuego al corazón y luz a los ojos. Abrió los del cuerpo para ver las llagas, y los del alma para confesar la Divinidad; viendo a Cristo hecho llagas por su remedio, él se hace bocas en su confesión, y exclamando, dice: «Señor mío y Dios mío: yo me rindo; conquistádome habéis el corazón con vuestras heridas, y digo que Vos sois mi Señor, mi Dios, mi Rey, mi bien y mi contento, Dios mío y todas mis cosas, que en Vos se encierra todo.»

Pondera ahora, que si Tomás con sólo tocar la llaga del Costado del Señor quedó contento, mudado y fervoroso, tú, que le has tocado todo cuando le has recibido, ¿qué fervoroso y cuán trocado habrías de quedar todo metido en Dios, pues tienes todo Dios metido en ti? Confiésale por tu Señor, tu Dios, tu Criador, tu Redentor, tu principio, medio y fin, todo tu bien y único centro de tus deseos.

Punto cuarto.

¡Qué de buen gusto, qué de veces volvería Tomás a gozar de aquellas vistosas llagas, si le fuera concedido!; ¡qué sediento repitiera aquellas perennes fuentes del consuelo y del Amor!

Alma, este singular favor, para ti se guarda; frecuenta esta Sagrada Comunión; hoy, y mañana, y cada día te está esperando el Señor; así quieras ser dichosa como puedes. Quedó Tomás singularmente agradecido a tan singular misericordia; ya el que contradecía a todos, incrédulo, confiesa con todos, fiel; pídeles le ayuden a agradecer, como antes a creer; propone de confesar hasta morir, aunque sea con tantas heridas como ha adorado llagas. Procura tú ser agradecido con Tomás, y tú más, cuanto más obligado; hazte bocas en alabarle, así como en recibirle, y a un Señor que te ha abierto su Costado y sus entrañas de par en par, despliega tú esos labios, salga tu corazón deshecho, ya por la boca en aplausos, ya por los ojos en ternuras.

MEDITACIÓN XLIII

Del convite de los discípulos de Emaús, para recibir al Señor como peregrino.

Punto primero.

Contemplarás cómo estos dos discípulos, aunque dudosamente congregados en el nombre del Señor, luego le tienen en medio, que la conversación de Dios es el reclamo que le trae. Iban hablando de su Pasión, y así luego tiraron a su conservación, la música más suave que le pueden dar las cítaras del Cielo. ¡Qué mal dispuestos los halla para comunicarles sus favores, muy alejados de sí!; pero el Señor, compadecido, se les acerca; ellos huyen y Él los busca; míralos resfriados en la fe, descaecidos en la esperanza, tibios en la caridad, pero con sus palabras de vida les va calentando los corazones, alentándoles su confianza e infundiéndoles nueva vida.

Advierte, alma, que al mismo Señor encuentras hoy en el camino de tu muerta vida; si allí peregrino, aquí milagroso; si allí con el disfraz de una esclavina, aquí de los accidentes de pan; si allí de paso, aquí de asiento. ¡Qué desalentada procedes en el camino de la virtud!, ¡qué tibia en el servicio de Dios! Llégate, pues, a este Señor en la oración para que a los golpes de sus inspiraciones se encienda en tu pecho el fuego de la devoción; habla de

Dios el día que estás con Dios; boca que ha de hospedar a Jesús, no ha de tomar en sí otra cosa; no hable palabra que no sea de Dios, la que ha de recibir la palabra divina, y con saliva virgen llegue a gustar el pan y vino que engendran vírgenes.

Punto segundo.

Vanse acercando al castillo de Emaús, término de su fuga; hace el Señor amago de pasar adelante, cuando más gusta quedar; quiere que a deseos le detengan, y con ruegos le obliguen; el que se introdujo a los principios voluntario, quiere ser rogado en los progresos de la virtud, como la madre que empeña al niño en el andar, dejándole solo para que pierda el miedo. Viéndole ellos tan humano cuando más divino, pídenle se detenga; no le convidan al uso del mundo, por cumplir, sino con instancias para alcanzar; respóndeles que ha de ir lejos, que en apartándose de un alma, mucho se aleja: la distancia que hay de la culpa a Dios.

Alerta, alma, que pasa el divino Esposo a otras más dichosas porque más fervorosas; menester es rogarle; lo que importa es detenerle. Si estos discípulos, sin conocerle, así le estimaban, tú, que sabes quién es por la fe, procura agasajarle; ellos le imaginan extraño, tú le conoces propio; ruégale que entre, no sólo contigo bajo un techo, sino dentro de tu mismo pecho; convídale, que al cabo será todo a costa suya, pues Él pondrá la comida y tú las ganas, logrando vida eterna.

Punto tercero.

Fácilmente condescendió el Señor, que tiene sus delicias en estar con los hijos de los hombres; siéntanse a la mesa, y Cristo en medio, igualándolos en el gozo y en el favor; pónenle el pan en las manos, con grande acierto, pues siempre se logró en ellas; levantaría los ojos al Cielo para que fuese pan con ojos, y divinos, y al partir de él, ellos abrieron los suyos y le conocieron Maestro; más al punto desapareció, que es en esta vida relámpago el que en la eterna Sol de luz y de consuelo; dejólos con la dulzura en los labios, quedando el milagroso pan por sustituto en su ausencia; dejólos envidiosos de la dicha de haberle conocido antes, y deseosos de haberle gozado y adorádole sus gloriosas llagas, ápretándole aquellos pies. ¡Oh, qué abrazos se prometían haberle dado si le hubieran conocido!

Advierte que el mismo Señor, real y verdaderamente, tienes tú aquí en la mesa del Altar; partiendo está y repartiendo el Pan del Cielo; no tardes en reconocer tu dicha, que cuando recuerdes, será tarde, y quedarás apesarado de no haberla logrado antes; llégate al Señor, que no se te irá como a los discípulos, porque le tiene el amor aprisionado; goza de su divina y corporal presencia, adora aquellos traspasados pies, besa aquellas gloriosamente hermosas llagas; a ti te espera, por ti se detiene; tiempo y lugar te da para que le contemples, le ames y comas.

Punto cuarto.

Quedaron ambos discípulos entre penados y gozosos, alternando su dicha de haber visto a su Maestro, con el sentimiento de haberle tan presto perdido. «Antes ido—decían—que conocido.» Ponderaban con estimación el favor que les había hecho, y repetían las lecciones que les había enseñado, ardiendo sus corazones en amor al ir, y las lenguas en el agradecimiento al volver; volverían a referir con formales palabras lo que les había dicho, y ponderaban su eficacia y sus acciones, sobre todo el celestial agrado de su semblante; dábanse el uno al otro las enhorabuenas de su dicha, y al Señor las gracias de su misericordia; no acertarían a hablar de otro por muchos días, y aun por el mismo camino irían reconociendo las huellas de su Maestro, siguiendo las de su santa Ley. Volvieron adonde estaban los Apóstoles, diéronles parte de su dicha y renovaron su fruición.

Aprende, alma, a dar gracias a tu divino Maestro el día que te sientas a su Mesa; abre tus labios a las alabanzas, así como los ojos al conocimiento; mira que no le deba a tu tibieza la dicha de haberle conocido antes; no habrías de hablar de otro en muchos días, yendo y viniendo tu lengua al sabor de tu muela, al gusto de tu paladar.

MEDITACIÓN XLIV

Para recibir al Señor con la Magdalena, como a hortelano de tu alma.

Punto primero.

Meditarás qué ansiosa madruga la Magdalena en busca de un Sol eclipsado; apoderóse de ella el amor: así no la deja reposar, fuera está de sí, toda en Jesús amado, que no está donde anima, sino donde ama; deja presto el lecho la más diligente esposa; pero ¿qué mucho se le impida el dormir a quien no se le permite el vivir? No se quieta en ninguna criatura, fuera del centro de su Criador; más, ¡ay!, que no vive quien tiene muerta su vida, que no se dijo por ella: «a muertos y a idos no hay amor y finezas de quien bien ama»; más allá pasan de la muerte; herida del divino amor y muerta del dolor, se va ella misma a enterrar en el sepulcro de su Amado.

Pondera qué buena preparación esta de oraciones y vigilias, de lágrimas y suspiros para hallar un Señor que murió de amores y vive de finezas. Madruga hoy, alma, diligente, en busca del mismo Señor que allí ensayó sus finezas para amarte y favorecerte a ti; no le busques cubierto de una losa, sino de una Hostia; no entre sudarios de muerte, sino entre accidentes de vida. Llora tus errores y suspira por sus favores, y conseguirás el premio de tus deseos.

Punto segundo.

Atraído el Señor, no ya de los hierros de una pecadora, sino del oro de una amante, se le franquea, pagando en favores tan extremadas finezas; muéstrasele en traje de hortelano por lo que tiene de Jesús florido; pretende coger los frutos en virtudes de aquellas flores en deseos; pregúntala por qué llora y a quién busca, quien tan bien sabe que Él es la causa: pero tiene gloria en oírla relatar su pena. Responde ella como de cosa sabida, que todos cree piensan en lo que ella; y no se engaña, porque ¿en qué otra cosa se puede pensar que en Dios, ni hablar de otro que de Dios? No dice que busca a un muerto, que aun el pensarlo es morir. «Restitúyemele—dice—, y no te espantes de que no tema, que si me faltan las fuerzas, el ánimo me sobra.» No hay horror donde hay amor. Dilata el Señor el descubrirse, por oírla multiplicar deseos.

Alma, advierte que aquí tienes al mismo Señor, hortelano de las almas, que las riega con su Sangre; aquí asiste disfrazado entre accidentes de pan, escuchando tus amorosas finezas; pero si el amor le disimula, descúbrale tu fe; y si la Magdalena intentó llevársele amortajado, llévatele tú Sacramentado.

Punto tercero.

Gozoso el divino Hortelano nazareno de haberla visto regar con las fuentes de sus ojos, segunda vez, sus plantas, viendo aljofaradas las rosas de sus llagas con las perlas de tan copioso llanto, manifiéstasele, nombrándola por su nombre: «María»—dice; y ella, al punto, como oveja no ya perdida, reconoce la voz de su bien hallado Pastor. Nombróla con tal agrado, que pudo conocer su gran misericordia; arrojósele afectuosa a sus pies, sabido centro de su propensión, y si ya otra vez cayó con el peso de sus culpas, ésta con el de su amor; calóse como solícita abejuela a la fragancia que despedían sus floridas llagas; pero detúvola el Señor, diciendo: «No te acerques, no me toques, que aún no he subido a mi Padre. Quédanse para ti las penas; resérvanse para mi Padre las glorias; para ti las espinas, para Él las fragantes rosas.»

¡Oh, alma mí!, reconoce aquí tu dicha y procúrala aquí estimar, pues no sólo no te manda este Señor que te retires recatada, sino que te acerques afectuosa; cuando a la Magdalena recata sus llagas, a ti te convida con ellas, no sólo para que las toques, sino para que te las comas; oye que te llama por tu nombre, con tales demostraciones de agrado, que te atraiga su bondad si te retira su grandeza. No pierdas la sazón de comulgar, que envidiarás toda la eternidad; arrójate a aquellos pies, aprieta aquellas floridas llagas, y brotarán, en vez de sangre, miel dulcísima que comas, néctar celestial que chupes y conque te apacientes.

Punto cuarto.

Pasó de favorecida a agradecida la Magdalena, y no cabiéndole el contento en el pecho, parte a comunicarlo a los Apóstoles; deseando le ayuden a dar gracias y a gozar de los favores, congratúlase con ellos, no de una sola dracma hallada, sino de cinco, y tan preciosas, que vale cada una un cielo; ni se contentaría con esto, sino que convidaría a los coros celestiales para qué con sus aventajadas lenguas le ayudasen a adelantar las divinas alabanzas, mereciendo oír toda la vida sus agradecidos cantares.

Pondera que si la Magdalena, por una vez que llegó a ver, que aún no a tocar, aquellas gloriosas llagas; a mirarlas, que no a besarlas, todos los años de su vida, día por día, entre los alados coros celebra esta dicha; tú, alma mía, que no una sola vez, sino tantas y en tantos años, día por día, prosigues en recibir todo el Señor, no sólo en besar sus llagas, sino comértelas, cómo debes repetir cada hora y cada instante las debidas gracias. Empléense a coro todas tus potencias en engrandecer y agradecer tan singulares favores; rebosen tus labios en alabanza de estas llagas la dulzura que chupó tu corazón.

MEDITACIÓN XLV

Para recibir al Señor como Rey, Esposo, Médico, Capitán, Juez, Pastor y Maestro[28].

Punto primero.

Meditarás, cuando recibieres al Señor como a Rey, cuán gran aparato previnieras si hubieras de hospedar en tu casa al rey del suelo; pues ¿cuánta mayor preparación debes hacer para recibir al del Cielo, no ya en tu casa, sino dentro de tu pecho?

Y si como a Esposo divino, trata de engalanar tu alma con la bizarría de la gracia y con las preciosas joyas de las virtudes. Si como a Médico, deseándole con tanta ansia como tienes necesidad; despierten tus dolores el deseo, que ya Él padeció por ti y bebió la purga amarga de la hiel

---

[28] «Estas siete meditaciones que aquí van juntas, solía repartir el Padre San Francisco de Borja cuando sacerdote, por los siete días de la semana, cada día una, y así las podrás tú aplicar también; y cuando no era aún sacerdote, comulgaba los domingos, tomando los tres días antes para prepararse, y los tres días después para dar gracias y sacar frutos.»

Esta nota aparece en las ediciones antiguas del P. Gracián. Probablemente, el P. Gracián, muy posterior a San Francisco de Borja, tomó del Santo estas meditaciones, que arregló conforme a su estilo.

y vinagre, para sanarte de los graves males que te causaron tus deleites. Si Capitán, cuando toda tu vida es milicia, alístate bajo sus banderas, llámale en tu socorro, viéndote sitiado de tan crueles enemigos. Si como Juez, aparta de tu corazón toda culpa que pueda causar ofensión a la rectitud de sus divinos ojos. Si Pastor, llámale con balidos de suspiros, ya para que te saque de las gargantas del lobo infernal, ya para que te apaciente en los amenos prados que regó con su misma Sangre. Si Maestro, reconociendo primero tus ignorancias y suplicándole que, pues es Sabiduría infinita, te enseñe aquella gran lección de conocerle, amarle y servirle. Esta sea la preparación en cada una de estas siete Meditaciones.

Punto segundo.

Advierte que se va acercando este soberano Rey a las puertas de tu pecho, que son tus labios; viene con benignidad, sálgale a recibir tu alma con grandeza; pídele mercedes, que quien se da a Sí mismo, nada querrá negarte. Ya llega el único Amante de tu alma: salga, pues, a recibirle en sus entrañas, entre afectos y finezas. Ya sube el Médico divino, que es la salud y la medicina, la alegría de los enfermos, y el que padeció primero los dolores: represéntaselos uno por uno y pídele el remedio de todos. Arrímase ya el valiente Capitán a tu pecho: entrégale el castillo de tu alma, no te hagas fuerte en tus flaquezas. Ya te toma residencia el riguroso Juez: échate a sus pies, confesando con humildad tus graves culpas, y conseguirás el perdón de ellas. Ya te viene buscando el buen Pastor: oye sus misericordiosos silbos, síguele con cariño y toma de su mano el Pan del Cielo. Ya se sienta en la cátedra de tu corazón el divino Maestro: escúchale con atención y apasiónate por su verdadera doctrina.

Punto tercero.

Logra el favor que te hace este gran Monarca; mira que es tan dadivoso como poderoso; sábele pedir a quien te desea dar, que Él puede darte y quiere. Estréchate, alma, con tu enamorado Esposo; y pues Él te abrió sus entrañas, recíbele en las tuyas; muchas heridas le cuestas, sacarás por sus llagas sus finezas; llámale tu vida, pues la perdió por quererte. Aplica los remedios que te trae este gran Médico, cuando hace de su propia Carne y Sangre medicina; Él se sangró por tu salud y murió por darte a ti la vida.

Sigue a tu Capitán; va delante en todas las peleas; ni te faltará el Pan, pues Él se te da en comida; pelea con valor, que Él recibirá por ti las heridas; no desampares su estandarte hasta conseguir la victoria. Escucha, alma, e inclina tu oreja a tan sabio Maestro, que es la Sabiduría del Padre; en comida se te da para que aprendas mejor, como al niño que le dan las letras de azúcar, para que con gusto las aprenda; entrarán con sangre, pero no tuya, sino del mismo Maestro, que Él llevó los azotes por la lección que tú no supiste. ¿Qué descargos le das a un tan misericordioso Juez que quiso ser sentenciado por tus culpas? Y el que no hizo pecado ni se halló engaño en su boca, satisfizo por tu malicia; pídele misericordia y propón una gran enmienda; no te confiscará los bienes, antes para que tengas que comer, Él se te da en comida. Júntate al rebaño de tu Buen Pastor, que es juntamente tu pasto regalado; Él se expuso por ti a los lobos carniceros, que se cebaron con su sangre hasta no dejarle una gota, señal que no es mercenario; en sus mismas entrañas te apacienta, y en sus hombros te conduce al aprisco de su Cielo.

Punto cuarto.

Corresponde agradecido a un Rey tan generoso, y queden vinculadas las mercedes en eternas obligaciones de servirle. Logra en agrado los favores de tu Esposo, y procura guardarle lealtad, que te da no menos que la vida, y ésa, eterna. Paga en agradecimientos tan costosos remedios, y guarda la boca de tus gustos para emplearla en sus loores. Oiga el mayoral del Cielo los balidos de tu contento en alabanzas, y tu Capitán los aplausos de su triunfo. Resuenen los vítores a tu sabio Maestro, y sea la mayor recomendación de su doctrina el practicarla en tu provecho. Preséntale al benigno Juez tu helado corazón, tan agradecido a su misericordia cuan contrito de tu miseria; reconoce que vives por Él y que de favor suyo no estás ardiendo hecho tizón eterno del infierno.

MEDITACIÓN XLVI

Para recibir al Señor como a tu Criador, Redentor y Glorificador, y único Bienhechor tuyo.

Punto primero.

Considera, el que recibió todo su bien de otro, con qué agasajo le recibe cuando se le entra por su casa; pone a sus pies cuanto tiene, porque sabe le viene de su mano; todo le parece poco, respecto de lo mucho que le debe; no le pesa de que no sea más lo recibido, sino porque no le puede servir con más; confiésale por su bienhechor, porque le hizo persona, y pone sobre su cabeza al que le levantó del polvo de la tierra.

¡Oh, tú que comulgas! ¿Quién es este Señor que hoy hospedas en tu pecho?; mira si le debes cuanto eres. Él te sacó de la nada para ser mucho, pues te hizo; no le recibes en casa ajena, que Él la edificó con sus manos; Él te da la vida, empléala en servirle; Él te da el alma, empléala en amarle; recíbele como a tu único bienhechor; abre los ojos de la fe, y verás en esta Hostia al Señor que te ha criado; métele en tu pecho por mil títulos debido; ponle en tus entrañas, pues son suyas; conozca tu entendimiento cúyo es, y ame la voluntad un fin que es su principio. Sobre todo, confúndase tu corazón en haber convertido en instrumentos de su ofensa, los que ya fueron dones de su liberalidad, favores de su infinita beneficencia.

Punto segundo.

Poco es ya dar la vida a uno; mucho, sí, darla por él, morir para que él viva; y aun esto es poco: el extremo de un bienhechor, llegar a morir por el mismo que le mata, redimir a quien le vende y rescatar a quien le compra: ¿vióse tal extremo de amar? Sólo pudo caber en un Dios enamorado.

Hombre, por ti murió, que tanto le has ofendido, el Señor, por un vil esclavo de Satanás; mira qué extremos estos: ¡Dios y morir!; ¡Vida y muerte!; ¡y por ti, un despreciable gusano! Permitió ser injuriado por honrarte; fue escupido para que tú fueses lavado; fue reputado por ladrón el que da el Paraíso a los ladrones y se te da a Sí mismo en el Sacramento; todo lo quiso perder por ganarte a ti: hacienda, vida, honra, hasta morir desnudo en un palo. Bien pudiera este divino Amante de tu alma haber buscado otro medio para tu remedio, pero escogió el más costoso, para mostrar su mayor amor; no quiso se dijese de su fineza, que pudiera haber sido mayor, que pudo haber hecho más. Vióse desamparado de su Padre, por no desamparar una desagradecida villana de quien se había enamorado. Recíbele, pues, en esta Comunión de hoy, como a Redentor de tu alma, como a Salvador de tu vida; ofrécele cuanto tienes, hacienda, honra y vida, a quien la dió primero por ti; hospeda en tu pecho al que abrió su costado para meterte en él; llene tu boca de su preciosa Sangre, el que no alcanzó una gota de agua en su gran sed; endulce tus labios con su cuerpo, el que sintió ahelada su boca con hiel; y pues no omitió el Señor cosa alguna que pudiera haber hecho por ti, no dejes tú cosa que puedas hacer en su santo servicio.

Punto tercero.

Recibe ya como a tu eterno Glorificador, que será echar el sello a todas sus misericordias y coronarte de miseraciones. Gran favor fue el criarte de la nada; mayor, el redimirte con cuanto tenía; haberte hecho católico cristiano, cuando puso a otros entre infieles que le hubieran servido harto mejor si le hubieran conocido; el haberte sufrido tan pecador, cuando otros con menos culpas están hechos tizones en las eternas llamas; haberte justificado y alimentado con su Cuerpo y Sangre; grandes son todos estos favores, dignos de todo agradecimiento y conocimiento; pero el que los corona todos, es el haberte predestinado para su gloria, como lo crees, y que te ha de glorificar, como lo esperas.

Recíbele, pues, como a tu último fin, que Él es tu alfa y tu omega; Él es paradero de tus peregrinaciones, descanso de tus trabajos, puerto de tu salvación y centro de tu felicidad. Aviva tu fe, que el mismo que has de ver y gozar en el Cielo, este mismo Señor, real y verdaderamente, tienes encerrado en tu pecho, como prenda de la Gloria.

Punto cuarto.

Llámase este divinísimo Sacramento Eucaristía, que quiere decir buena gracia, porque siendo gracia infinita que el Señor nos hace, solicita el perpetuo agradecimiento en el que comulga; no hay otro retorno al recibirle una vez, sino volverle a recibir otra: esta es la mayor acción de gracias; ni hay otro desempeño de tantas mercedes, como dignamente recibirle y comulgar, cáliz por cáliz, y pagar los votos al Señor en públicos aplausos delante de todo su pueblo; y no queda ya sino una preciosa muerte en el Señor después de haberle recibido, que es un gran modo de agradecer un gran don de Dios, recibiendo otro.

Anegado te hallas en beneficios; anégate, pues, en su Sangre; agradecerás como debes, si amas como conoces. De esta suerte, podrás comulgar varias veces, recibiendo un día al Señor como a tu Criador, y otro como a tu Redentor; si hoy como a Justificador, mañana como a tu Glorificador.

MEDITACIÓN XLVII

Para comulgar en todas las festividades del Señor.

Punto primero.

Pondera cuán gran dicha hubiera sido la tuya si te hubieras hallado presente, con la fe que alcanzas, al misterio que meditas; con qué devoción te prepararas, y con qué gozo asistieras. Porque si te despertara el ángel aquella noche alegre del Nacimiento, ¡con qué diligencia te levantarías, con qué afecto acudieras a gozar del Niño Dios nacido, cómo lograras la ocasión de verle y contemplarle fajado entre pañales, al que no cabe en los Cielos; recostado entre pajas al que entre plumas de querubines, llorando la alegría de los ángeles!; y en el día de la Circuncisión, ¡cómo acompañaras con tus lágrimas las gotas de su Sangre!; ¡con qué consuelo gozaras de aquel rato de cielo en el Tabor!; ¡cómo madrugaras la mañana de la Resurrección, en compañía de la virginal aljofarada Aurora, a ver salir aquel glorioso Sol entre los alegres arreboles de sus llagas!; ¡con cuán devota pureza te previnieras para subir al monte el día de la triunfante Ascensión del Señor, y cómo se te llevaría el corazón tras sí el centro celestial!

¡Con qué fruición lograras todas estas ocasiones; con qué fervor asistiera a todos estos misterios!

Pues aviva tu fe, y entiende que el mismo Señor, real y verdaderamente, que allí vieras y gozaras, Él mismo en persona le tienes aquí en este divinísimo Sacramento; y si allí en un pesebre, aquí en el Altar; si allí fajado entre animales, aquí entre accidentes; allí grano entre pajas, aquí Sacramentado te le comes; si en el Tabor le vieras vestido de nieve, aquí revestido de blancura; si en la Ascensión te le encubriera una nube, aquí te le esconde una Hostia. Procura disponerte con la misma devoción, pues la realidad es la misma; avívese tu fe y se despertará tu afecto; crezca, pues, en ti el fervor, al paso que tu dicha.

Punto segundo.

Pondera con qué gozosa ternura fueras entrando por aquel portal de Belén, tan vacío de alhajas cuan lleno de consuelos; con cuán cariñosa reverencia te fueras acercando al pesebre y enterneciéndote con el humanado Dios; con qué atenciones le asistieras; con qué afectos le lograras; y no contentándote de mirarle, llegaras a tocarle y abrazarle, niño tierno, y tú enternecido. Aviva, pues, tu fe, alienta tu tibia confianza, y llega hoy, si no al pesebre, al Altar; no te contentes con besarle y abrazarle, sino con comértele; abrígale con las telas de tu corazón, y apriétale dentro de tu mismo pecho. Si en la Circuncisión le vieras derramar perlas en lágrimas, y rubíes en sangre, precioso rescate de tu alma, ¡cómo te compadecieras! Sin duda, que ese corazón, exceso de los diamantes en la dureza, con la sangre de aquel herido Corderito se ablandara hasta dilatarse a pedazos por los ojos.

Recoge hoy, no algunas gotas de su Sangre, como entonces, sino toda ella dentro de tu corazón; y si allí procuraras acallarle allegándole a tu pecho, métele hoy dentro de él. Si en el Tabor desmayaras al verle Sol de la belleza, y, cuando mucho, le miraras de lejos, contémplale hoy desde cerca; sea tu pecho un Tabor y tu corazón un Tabernáculo, exclamando con San Pedro: «Señor, bien estamos aquí: Vos en mí, y yo en Vos.» Aquí le tienes resucitado; llega, en compañía de la Virgen Madre, a gozar de aquellas fragantes rosas de sus llagas, a reconocer entre aquellas cuchilladas de la carne las entretelas brillantes de la Divinidad; y no sólo te permite que le toques y le adores, sino que le metas dentro de tu pecho. Detenle aquí tan glorioso como subía al Cielo, y condúcele a tu corazón, que no se te asentará como allí, sino que entrará triunfante en tus entrañas; sea un cielo tu pecho; despierta la fe y renovarás la fruición de todos sus misterios, que el mismo Señor, real y verdaderamente, tienes aquí cuando comulgas, que vieras y gozaras en todas aquellas ocasiones.

Punto tercero.

Procura sacar en esta Comunión todos los provechos que sacaras si te hallaras presente al misterio que se celebra, y pues tienes al mismo Señor, real y verdaderamente, que allí tuvieras, pídele las mismas mercedes; sabe pedir a quien tan bien sabe dar; icon qué memoria quedaras de haber visto y gozado de tu Dios y Señor en cualquier misterio de éstos!; sea, pues, hoy igual tu gozo, pues lo es tu dicha, que hicieras de contarla entonces; agradécela ahora, que no intiman silencio como a los Apóstoles en el Tabor, antes solicitan tu devoción a las divinas alabanzas. «¿Qué daré yo al Señor—decía el

Profeta Rey— en retorno de tantas mercedes?» Cáliz por cáliz, sea esta Comunión gracias de la pasada, así como aquélla fue disposición para ésta. ¿Quién bastara a sacarte del Portal una vez dentro con los pastores? ¿Quién bajarte del monte con los discípulos? ¿Quién moverte del sepulcro con las Marías? Aquí tienes todo eso en el Altar, y aún más cerca, pues en tu pecho; sosiega en la meditación y permanece en alabar y glorificar al Señor. Amén.

MEDITACIÓN XLVIII

Para comulgar en las festividades de los Santos.

Fácil fuera, pero prolijo, disponer su especial meditación por comulgar en la festividad de cada Santo; podrá, pues, cada uno escoger una de las propuestas, la que viniera más ajustada al día y a la vida del Santo; pero si a alguno le pareciere que comulgaría con más devoción con alguna consideración más propia de la fiesta, elegirá algún paso o circunstancias de la vida que diga con la Comunión, disponiéndola en forma de meditación de esta suerte:

Punto primero.

Considera algún favor especial que hizo el Señor a este Santo. Como, si has de comulgar el día de Santiago el Mayor, pondera el llevarle Cristo consigo al Tabor y comunicarle su gloria; vuelve luego y considera cuánto mayor favor obra el Señor contigo, pues, no sólo te permite a su lado, sino que se entra por tu pecho; procura, pues, disponerte, a imitación del Santo, con singulares virtudes, para conseguir tan especiales favores. A San

Mateo le llamó fuese con Él a su casa, y se dejó convidar de él; a ti te llama hoy el mismo Señor, éntrase por tu pecho y te convida con su precioso Cuerpo. A San Felipe le preguntó de dónde sacarían el pan para los cinco mil convidados; a ti no te dificulta, sino que te franquea el Pan del Cielo. ¡Qué gozoso se halló San Andrés cuando vió al Señor y oyó decir al Bautista: «He allí el Corderito de Dios»!, fuese luego tras Él, y le preguntó dónde moraba; oye como te dice a ti lo mismo el sacerdote cuando llegas y te comes el mismo Cuerpo de Dios. Alégrate con tan buena suerte el día de San Matías; y prepárate como vaso de elección el día del apóstol San Pablo, pues has de llevar en tu pecho, no sólo el nombre, sino el Cuerpo del Señor. Procura, pues, disponerte como estos justos, que si ellos para recibir los favores del Señor, tú al mismo Señor, fuente de todas las misericordias.

Punto segundo.

Pondera cómo estos Santos estimaron las mercedes del Señor, y las supieron lograr; conoce tú el favor que te hace hoy tan singular; sábelo gozar y agradecer; abrásate, pues, en el fuego del Amor, como Lorenzo, que si él sazonó su cuerpo para la Mesa de Dios, hoy el Señor sazona al fuego del Amor su Cuerpo para tu comida. Si Ignacio se consideraba trigo molido entre los dientes de las fieras para ser pan blanco y puro, el mismo Señor se te da en pan, molido en su Pasión y sazonado en Amor. Si San Bartolomé sirvió su cuerpo desollado en el convite eterno, el Señor te presenta en comida su Cuerpo todo acardenalado y herido. Si Santiago era consanguíneo de Cristo y muy parecido a Él, también eres tú consanguíneo del Señor, pues te alimentas de su Carne y Sangre; procura parecerle en todo, y aun ser una misma cosa con

Él. Si San José fue el aumentado en los favores, el crecido en las dichas, porque llevó al Niño Dios en sus brazos tantas veces, tú, que le tomas en tu boca, le guardas en tu pecho, crece en la perfección así como en el favor. A San Lucas se le permitió sacar una copia, a ti el mismo original; imprímele en las telas de tu corazón.

Punto tercero.

Rindieron singulares gracias todos estos Santos al Señor por tan singulares mercedes. Exclamó Esteban cuando vió a Cristo asomado a los balcones del Cielo, en pie; prorrumpe tú en alabanzas al verle dentro de tu pecho. Alábale con Santa Teresa, porque se desposó con tu alma y la ha engalanado con preciosas joyas de virtudes. Si a Santa Catalina le dió el anillo de oro, a ti la prenda de la Gloria. Admírate con San Agustín, de que aquel inmenso mar de Dios quepa dentro del pequeño hoyo de tu pecho. Ensálzale con San Ignacio, de que no sólo en Roma, sino en todas partes te sea favorable y propicio. El que a San Francisco le imprimió sus llagas, y a San Bernardo franqueó su costado, hoy se te entrega todo y se imprime en tu corazón. Sabe reconocer tu favor, y sabrás estimarle, procurando lograrle y agradecerle por todos los siglos. Amén.

MEDITACIÓN XLIX

Recopilación de otras muchas meditaciones.

(Conforme a las meditaciones que aquí se han propuesto, puedes tú sacar otras, que por ser hijas de la propia consideración y haberte costado trabajo, suelen despertar mayor devoción de esta suerte.)

Punto primero.

Considera el afecto con que un niño desea el pecho materno, con qué conato se abalanza a él; apriétale el hambre, oblígale el cariño, y así, llora y se deshace hasta que le consigue. Con este mismo afecto has de desear tú llegar a comulgar; llora, suspira, gime, ora, y pide el pecho, de Cristo; gran consideración del boca de oro. Pica como el polluelo del pelícano, por el pecho abierto del Autor de tu vida. Clama como el hijuelo del cuervo, viéndose desamparado, por el rocío celestial; apetece carleando como el sediento caminante, la fuente de aguas vivas; busca el sazonado grano como la solícita hormiguilla, y como el perrillo, las migajas de pan de la Mesa de tu Señor: de esta suerte, te debes preparar con lágrimas y suspiros, con afectos y diligencias, con oraciones y mortificaciones para la Sagrada Comunión, que cuanto más intensos fueren los deseos con que llegares, más colmados serán los frutos que sacarás.

Punto segundo.

Pondera el conato con que el tierno corderino corre a tomar el pecho de su madre, con qué cariño le tira, con qué gusto le chupa. Llega tú a la Sagrada Comunión con igual ahínco a tu necesidad, con tanto gusto, cuanto el conocimiento; acude con la presteza que el polluelo a coger el grano del pico de la amorosa madre que le llama, recogiéndote después bajo las alas de los brazos de Cristo, extendidos en la Cruz. Abalánzate con el gusto que el sediento enfermo al vaso de la fresca bebida; acércate con el consuelo que el helado caminante al fuego, que le fomenta. Goza, gusta, come y saboréate con este Pan del Cielo, juntando el gozo con el logro, experimentando los celestiales gustos y sacando los multiplicados provechos.

Punto tercero.

Dale gracias a este Señor, que te ha alimentado con su Cuerpo y con su Sangre, como el niño que, después de haberse repastado en el sabroso pecho de su madre, se le ríe, la abraza y le hace fiestas. Saluda muchas veces como el derrotado navegante la tierra donde llegó a tomar puerto, recibe con hacimiento de gracias, y como el pobre mendigo el pedazo de pan que se le da cada día a la puerta del rico, echando bendiciones. Póstrate como rescatado cautivo a los pies de tu único Redentor. Recibe a este Señor como Padre, Hermano, Amigo, Abogado, Fiador, Padrino, Protector, Amparo, Sol que te alumbra, puerto que te recibe, asilo que te acoge, centro donde descansas, principio de todos tus bienes, medio de tus felicidades y fin de tus deseos por todas las eternidades. Amén.

MEDITACIÓN L

Para recibir el Santísimo Sacramento por Viático.

Punto primero.

Considérate ya, hermano mío, de partida de esta vida mortal para la eterna, y advierte que para un tan largo viaje, gran prevención es menester de todas las cosas, especialmente de este Pan de vida, para el paso de tu cercana muerte. Vas de este mundo al otro, de esta cama al Tribunal de Dios; mira, pues, cómo te debes prevenir con una buena y entera confesión, y con una fervorosa y santa Comunión. «Levántate y come—le dijo el ángel al Profeta Elías—; porque te queda gran jornada que hacer.» Oye cómo te dice a ti lo mismo el ángel de un buen confesor, que te desengaña de tu peligro.

Hermano mío, levanta tu corazón a Dios, de las criaturas al Criador, de las cosas terrenas a las eternas, que no sabes si te levantarás más de esta cama; come bien, que se te espera largo y peligroso camino; mira que has de andar sendas nunca andadas, por regiones de ti nunca vistas: procura hacer esta Comunión con circunstancias de última, con las perfecciones de postrera, echando el resto de la devoción. Mira que te despides del comulgar; conózcase tu cariño a este divinísimo Sacramento en la ternura con que le recibes esta última vez; fija en este blanco esos ojos, que tan presto se han de cerrar, para nunca más ver en esta mortal vida; sean perennes fuentes de llanto hoy, las que mañana se han de secar; esa boca que tan presto se ha de cerrar para nunca más abrirse, ábrela hoy, dilátala bien, para que te la llene de dulzura este sabroso manjar; advierte que es Maná escondido, y te endulzará el amargo trago de la muerte, que por puntos te amenaza; dé voces esa lengua pidiendo perdón, antes que de todo punto se pegue al paladar; ese pecho, que se va enronqueciendo, arroje suspiros de dolor; ese corazón, que tan presto ha de parar en manjar de gusanos, apaciéntese del verdadero cuerpo de Cristo, que se llamó gusano de la tierra; esas entrañas, que por instantes van perdiendo el aliento de la vida, confórtense con esta confección de la inmortalidad; y todo tú, hermano mío, que tan en breve has de resolverte en polvo y en ceniza, procura transformarte en este Señor Sacramentado, para que de esa suerte Él permanezca en ti y tú en Él por toda una eternidad de gloria.

Punto segundo.

Aviva tu fe, hermano mío, y considera que recibes en esta Hostia a aquel Señor que, dentro de pocas horas, Él mismo te ha de juzgar; Él viene ahora a ti, y tú irás luego a Él. Este es el Señor que te ha de tomar estrecha cuenta de toda tu vida; desde esa cama has de ser llevado ante su riguroso Tribunal; mira, pues, que ahora te convida con el perdón; si entonces te aterrará con el temido castigo, aquí se deja sobornar con dádivas; preséntale tu corazón contrito y lleno de pesar de haberle ofendido; aquí se vence con lágrimas, allí no valdrán ruegos; arrójate ante este Tribunal de su misericordia, no aguardes al de su justicia. Eucaristía se llama, que quiere decir: gracia y perdón; no dilates al del rigor; aquí está hecho un Cordero tan manso, que te le comes; allá, un león tan bravo que te despedazará si te hallare culpado; aquí calla y disimula culpas, allí vocea y fulmina rigores.

Échate a sus pies con tiempo, que mientras tenemos éste, dice el Apóstol hemos de obrar bien y negociar nuestra salud eterna. Clama con el penitente rey: «Señor, perdón grande, según vuestra gran misericordia, y según la gran multitud de mis pecados»: *Miserere mei, Deus, secundum magnam misericordiam tuam.* Hiere tu pecho con el publicano, diciendo: «Señor mío y Dios mío, sed propicio y favorable con este miserable pecador»: *Domine, propitius esto mihi peccatori.* Grita con el ciego de Jericó: «Señor mío, vea yo ese vuestro agradable rostro, que desean ver los ángeles»:. *Domine, ut videam.* Confiesa tus errores, con el pródigo: «Padre mío, que no me podéis negar de hijo: pequé, yo lo confieso, contra el cielo y contra Vos: *Pater peccavi in Coelum et coram te*; recibidme en vuestra casa; haya para mí un rincón en vuestro Cielo.» Da voces con la Cananea: «Jesús, Hijo de María la misericordiosa, apiadaos de esta mi alma, que me la quiere maltratar el demonio: *Jesu Fili Mariae, miserere mei, quia anima mea male a daemonio vexatur.* Ay, Señor, favor, que me la quiere tragar.»

Pide y ruega con el Ladrón: «Señor, acordaos de mí, ladrón también de vuestras misericordias, ahora que estáis en vuestros reinos»: *Domine, memento mei cum veneris in Regnum tuum.* Alegradme, Señor, con aquella dulcísima respuesta: *hodie*, hoy mismo; *mecum*, conmigo*; eris*, tú mismo estarás; *in Paradiso*, en mi gloria Amén.

Punto tercero.

Ya que has recibido a este divino Señor Sacramentado y metídole dentro de tu pecho, exclama, hermano mío, con el santo viejo Simeón: *Nunc dimittis servum tuum, Domine, secundum verbum tuum in pace.* «Ahora sí, Señor mío, que moriré con consuelo, pues en paz con Vos.» Di con el Profeta Rey: *In pace in idipsum dormiam, et requiescam*: «Ahora sí, Señor, que dormiré y descansaré en paz, en Vos mismo, de Vos sacramentado iré a Vos glorioso, de un Dios que he recibido en mi pecho, a un Dios que me reciba en su Cielo; y pues aquí he llegado a unirme con Vos por Comunión, allá espero unirme con Vos por la bienaventuranza.»

Repite con San Pablo: *Mihi vivere Christus est, et mori lucrum*: «Mi muerte es mi ganancia, porque muriendo en Cristo, viviré a Cristo.» Ofrécele tu alma con San Esteban: *Domine Iesu, accipe spiritum meum*: «Dulcísimo Jesús, y más en esta hora, Jesús y Salvador mío, recibíd mi espíritu.» Di también con el mismo Jesús. *Pater in manus tuas commendo spiritum meum*: «Padre mío amantísimo, en vuestras manos encomiendo mi espíritu; de ellas salió, a ellas ha de volver.» Oye que te responde: *Noli timere, ego Protector tuus sum et merces tua magna nimis*: «No temas, que aquí estoy yo, tu Protector y tu amparo, y la merced que recibirás de mi mano será grande de todas maneras; no desconfíes por tus culpas, pues son tantas mis misericordias; pide, y te darán, esto es, perdón, gracia y eterna Gloria.»

Punto cuarto.

Después de tantos favores recibidos, bien puedes rendir las debidas gracias. Canta como el cisne cuando muere con mayor ternura, y sea un cantar nuevo, comenzándolé aquí y continuándole eternamente allá en el Cielo: *Misericordias Domini in aeternum cantabo*. «Eternamente alabaré y bendeciré a un tan buen Dios y Señor» y si no puedes ya con la lengua, habla con el corazón si no pueden moverse tus labios, muévanse sus alas y conmuévanse tus entrañas; estímala merced que te ha hecho el Rey del Cielo, que Él te ha venido a ver aquí para que tú le vayas a ver allá; prenda es esta de la Gloria, empeñádose ha el Señor; vínose a despedir de ti, Sacramentado, en señal de lo que te ama, y que te recibirá glorioso; vino a tu casa, para que tú vayas al cielo. Exclama con el santo Rey: *Laetatus sum in his, quae dicta sunt mihi, in domum Domini ibimus:* ¡Oh qué buenas nuevas me han dado, que he de ir hoy a la casa de mi Señor!.

Acaba con aquellas gozosas palabras con que expiró el humilde San Francisco. *Me expectant justi donec retribuas mihi:* «Ay, que me están esperando los cortesanos del Cielo para admitirme en su dulce compañía»; no iré solo, sino que iremos; irá acompañada mi alma de la Virgen Santísima, mi Madre y mi Señora, del Santo de mi nombre, del Ángel de mi Guarda, de los Santos, mis patronos y abogados; y si aún estás agonizando, caréate con Cristo crucificado y consuélate con Él.

Considera que a tu Señor le dieron hiel y vinagre en su mayor agonía, y a ti te ha dado el mismo Señor su Carne y Sangre en la suya; Él murió en brazos de una cruda Cruz, y tú mueres en los brazos del mismo Señor, siempre abiertos para ti; a Cristo le abrieron el Costado con la dura lanza, y Él ha sellado tu corazón con esta Sacratísima Hostia; inclina su cabeza, y te muestra la llaga de su Costado, diciéndote: «Entra por esa puerta, siempre patente, al Paraíso, donde alabes, contemples, veas, ames y goces a tu Dios y Señor, por todos los siglos de los siglos.» Amén. Jesús, Jesús, Jesús y María sean en mi compañía. Amén.

TABLA DE MEDITACIONES PARA COMULGAR EN TODAS LAS FIESTAS DEL AÑO[29].

ENERO.

La Circuncisión. Med. 47, pag. 196; Med. 45	187
La Epifanía. Med. 27. Los Reyes Magos	113
Domingo de la Octava. Med. 37. El Niño Perdido	154
2do Domingo después de la Epifanía. Med. 36. La Fiesta de Bodas	150
3er Domingo después de la Epifanía. Med. 2. El Hijo Pródigo	12

FEBRERO.

La Purificación. Med. 17, propio	72
San Matías. Med. 18	76
4to Domingo después de la Epifanía. Med. 3. El Centurión	16
Domingo de Septuagésima. Med. 20. El panal de Sansón	84
Domingo de Sexagésima. Med. 34. El Grano de Trigo	141
Domingo de Quinquagésima. Med. 41. La Pasión	171

---

[29] Según el calendario tradicional.

MARZO.

San José. Med. 11. El Banquete de José; pag. 47; o, Med. 37. El Niño Perdido	154
La Anunciación. Med. I, propio	7
1er Domingo de Cuaresma. Med. 38. El Banquete de los Ángeles	158
2do Domingo de Cuaresma. Med. 47	196
3er Domingo de Cuaresma. Med. 4. La Mujer Cananea	19
4to Domingo de Cuaresma. Med. 19. Los Cinco Panes	80
Domingo de Pasión. Med. 41. La Pasión	171
Domingo de Ramos. Med. 39, propio	162

ABRIL.

Jueves Santo. Med, 40. Sobre la Comunión de S. Juan y el traidor de Judas	166
Domingo de Pascua. Med. 47	196
Lunes de Pascua. Med. 43. Los Discípulos de Emaús	179
Martes de Pascua. Med. 44. La Magdalena	183
Domingo de Quasimodo. Med 42, propio, sobre Santo Tomás	175
2do Domingo después de Pascua. Med. 22. La Oveja Perdida	92
3rd Domingo después de Pascua. Med. 5. El Maná	22
4th Domingo después de Pascua. Med. 8. La Casa de Obededón	34
5th Domingo después de Pascua. Med. 18. Las Tres Salas del Alma	76

MAYO.

San Felipe y Santiago. Med. 48	200
El Hallazgo de la Santa Cruz. Med. 30. El Tesoro Escondido	124
Aparición de San Miguel. Med. 15. La Reverencia del Serafín	63
El Ángel Guardian. Med. 38. La Fiesta de los Ángeles	158
Día de la Ascension. Med. 47, pag. 196; o, Med. 46, pag. 192; o, Med. 45	187
Domingo de la Octava. Med. 24. Mifiboset	100
Domingo de Pentecostés. Med. 45. El Esposo	187
Lunes de Pentecostés. Med. 26. El Banquete de Asuero	109
Martes de Pentecostés. Med. 13. Dedicación del Templo	55
Domingo de la Santísima Trinidad. Med. 28. La Grandeza de Dios	117

JUNIO.

San Juan. Med. 28. La Humildad de San Juan, pag. 117; o, Med. 32	133
San Pedro. Med. 9. La Humildad de San Pedro	38
Corpus Christi. Med. 16. El Banquete Descubierto	68
Domingo de la Octava. Med. 29. La Gran Cena	120
3er Domingo después de Pentecostés. Med. 22. La Oveja Perdida	92
4to Domingo después de Pentecostés. Med. 9. La Humildad de Pedro	38
5to Domingo después de Pentecostés. Med. 6. Zaqueo	26

JULIO.

La Visitación. Med. 32, propio	133
Santa María Magdalena. Med. 21. Su Conversión	88
Santa Ana. Med. 30. El Tesoro Escondido	124
6to Domingo después de Pentecostés. Med. 19. Los Cinco Panes	80
7mo Domingo después de Pentecostés. Med. 7. La Confianza de la Mujer Enferma	30
8vo Domingo después de Pentecostés. Med. 11, El Banquete de José	47
9no Domingo después de Pentecostés. Med. 14. La Mujer Samaritana	59
10mo Domingo después de Pentecostés. Med. 12, propio	51

AGOSTO.

Nuestra Señora de las Nieves. Med. 1	7
La Transfiguración. Med. 47	196
San Lorenzo. Med. 34. El Grano de Trigo, pag. 141; o, Med. 48	200
La Asunción. Med. 10, propio	42
San Bartolomé. Med. 48	200
11vo Domingo después de Pentecostés. Med. 16. El Banquete Descubierto	68
12vo Domingo después de Pentecostés. Med. 23. El que fue expulsado del Banquete	96
13vo Domingo después de Pentecostés. Med. 35. El Destierro a Egipto	145
14vo Domingo después de Pentecostés. Med. 2. El Hijo Pródigo	12

SEPTIEMBRE.

La Natividad de Nuestra Señora. Med. 1	7
San Mateo. Med. 48	200
San Miguel. Med. 38	158
15vo Domingo después de Pentecostés. Med. 3. El Centurión	16
16vo Domingo después de Pentecostés. Med. 5. El Maná	22
17vo Domingo después de Pentecostés. Med. 8. El Arca en la Casa de Obededón	34
18vo Domingo después de Pentecostés. Med. 18. Las Tres Salas	76

OCTUBRE.

San Lucas. Med. 48	200
San Simón y San Judas. Med. 48	200
19vo Domingo después de Pentecostés. Med. 20. El Panal de Sansón	84
20vo Domingo después de Pentecostés. Med. 24. Mifiboset	100
22vo Domingo después de Pentecostés. Med. 26. El Banquete de Asuero	109
23vo Domingo después de Pentecostés. Med. 28. La Grandeza de Dios	117

NOVIEMBRE.

DICIEMBRE.

Made in the USA
Las Vegas, NV
18 April 2024

88834224R00132